Bernd Langer

# Im Glauben an die Weltrevolution

## Die Märzrevolte 1921

Die Figuren auf dem Titelbild sind inspiriert von Konrad Felixmüller, *Der Schaubudenboxer*, 1921, Öl auf Leinwand, 96 x 110 cm, Berlinische Galerie. Das Motiv fand Felixmüller auf der Dresdner Vogelwiese, dem traditionellen Jahrmarkt auf den Elbwiesen in der Antonstadt. Der Schaubudenboxer Rolf war einer der proletarischen Freischärler um Max Hoelz und befand sich, als Felixmüller ihn kennenlernte, auf der Flucht vor der Polizei.

Die andere Figur geht auf Otto Griebel zurück, *Der Arbeitslose*, 1921, Aquarell, 25,3 x 18 cm, Stadtmuseum Dresden.

Bernd Langer

# Im Glauben an die Weltrevolution

## Die Märzrevolte 1921

UNRAST VERLAG

Bibliografische Informationen der Deutschen Bibliothek.

Die Deutsche Bibliothek verzeichnet diese Publikation in der Deutschen Nationalbibliografie; detailierte bibliografische Daten sind im Internet über http://dnb.de abrufbar.



**Impressum**

Bernd Langer
Im Glauben an die Weltrevolution
Die Märzrevolte 1921
1. Auflage, März 2025
ISBN 978-3-89771-279-9


Fuggerstraße 13 a, D-48163 Münster
kontakt@unrast-verlag.de | www.unrast-verlag.de
Mitglied in der assoziation Linker Verlage (aLiVe)

Umschlag und Gestaltung: Bernd Langer, Rainer Recke
Satz: Rainer Recke/AD-fotografik Göttingen
Druck:TransDruk, Golina

# Inhalt

# Karte des Kampfgebietes

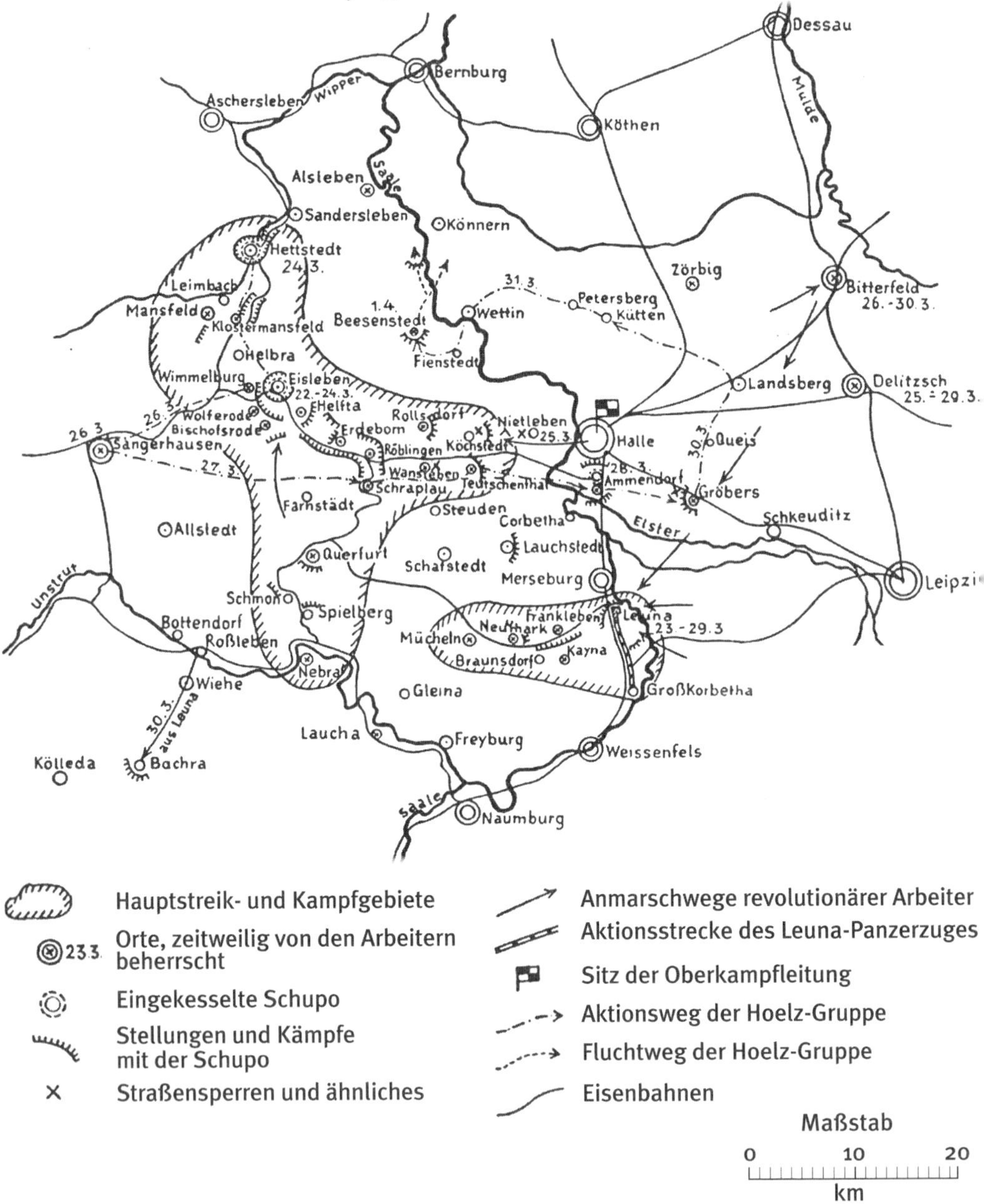

# Prolog

Auf dem flachen Land zwischen Halle und Leipzig, findet sich am Gänseanger in Leuna-Kröllwitz, ein Gedenkstein für den Mitteldeutschen Aufstand von 1921. „Durch Kampf zum Sieg" ist in den Findling gemeißelt. Hinter der propagandistischen Formel verbirgt sich eine große Erzählung und ein widersprüchliches revolutionäres Erbe. So kann die bewaffnete Rebellion im mitteldeutschen Industrierevier 1921 nicht allein, als ein regionales Ereignis betrachtet werden. Vielmehr ist sie nur im Zusammenhang mit dem Ziel einer Weltrevolution im Zuge der bolschewistischen Machtergreifung in Russland zu erklären.

Der Aufstand beginnt am 21. März 1921 und dauert über die Osterwoche an. Sein Zentrum ist das Mansfelder Land im südwestlichen Teil des heutigen Sachsen-Anhalts. Zusammen mit den angrenzenden Gebieten Thüringens und Sachsens bildet diese Region Mitteldeutschland. Hier befinden sich in den 1920er-Jahren die Braunkohlereviere von Bitterfeld, Ammendorf, Weißenfels, Zeitz, das Geiseltal, Teutschenthal-Röblingen, sowie der Mansfelder Kupferbergbau und die Kalischächte von Staßfurt bis zur Unstrut.

Im Zuge von Industrialisierung und aufkommender Sozialdemokratie, entwickelt sich in Mitteldeutschland, bereits vor dem Ersten Weltkrieg, ein klassenbewusstes Proletariat. So treten am 22. Oktober 1909 rund 10.000 Mansfelder Bergarbeiter auf allen Schächten in den Ausstand. Militär wird in das Streikgebiet geschickt. Schließlich verhängt der Unternehmerverband über ganz Deutschland die Sperrung von Arbeitskräften aus dem Mansfelder Revier, was zum Abbruch des Streiks am 11. November 1909 führt.[1]

1 Teildokument: Chronologie 1909, in: *Bibliothek der Friedrich Ebert Stiftung*.

Seit 1927 dreimal neu beschriftet und fünfmal umgesetzt, steht der der Gedenkstein in Leuna-Kröllwitz heute ungefähr so da, wie er ursprünglich aufgestellt wurde.

Die große Klassenkampferzählung beginnt für die Region aber erst mit dem Sprung zum Mitteldeutschen Industrierevier während des Ersten Weltkrieges. Im Zuge der totalen Kriegsführung durch Generalfeldmarschall PAUL VON HINDENBURG und dem Ersten Generalquartiermeister[2] General ERICH LUDENDORFF wird ab 1916 die chemische Industrie massiv ausgebaut. Mitteldeutschland bietet sich dafür an. Zentral im Deutschen Reich, auf flachem Land gelegen, ist die Region verkehrstechnisch gut zu erreichen. Zudem gibt es große Braunkohlevorkommen zur Energiegewinnung. Ein weiterer Aspekt ist die Entfernung zur Westfront, die so groß ist, dass die die Fabrikanlagen für feindliche Bomber unerreichbar bleiben.

So entstehen die Leuna-Werke der BASF (BADISCHE ANILIN- UND SODAFABRIK) in Rekordzeit. Vom ersten Spatenstich bis zum Anlaufen der Produktion von Ammoniak, für die Sprengstoffherstellung, dauert es nur knapp ein Jahr. Der neue industrielle Schwerpunkt in Mitteldeutschland ist von Größe und Wichtigkeit nur mit dem Ruhrgebiet, Berlin oder Oberschlesien zu vergleichen. Ein Manko für die Kriegsstrategen sind allerdings die reichsweit zwangsverpflichteten Arbeitskräfte. Die Stimmung in den schnell errichteten Barackensiedlungen ist von einem zermürbenden Arbeitsalltag bestimmt.

Ein starker Bevölkerungszuwachs ist jedoch nur ein Aspekt der massiv vorangetriebenen Industrialisierung, die zu einer nachhaltigen Veränderung des bäuerlich geprägten Gebiets führt. Schlote und Halden bestimmen zunehmend die Landschaft. Im Zentrum des neuen Industriereviers liegt, mit dem Regierungsbezirk Merseburg, einer der größten und bevölkerungsreichsten Bezirke Preußens. Auf 10.085 Quadratkilometern leben hier über 1,3 Millionen Menschen.[3] Davon sind rund 40.000 im Bergbau tätig, dem ein weit verzweigtes Netz verarbeitender Betriebe angegliedert ist. Wobei sich der Regierungsbezirk Merseburg bis zum südöstlichen Rand des Harzes erstreckt.[4] Die Region ist von kleinen Ge-

2 Dieser Rang wurde speziell für Ludendorff geschaffen, um ihn gleichberechtigt neben den Generalfeldmaraschall Hindenburg erscheinen zu lassen.

3 Bevölkerungszahl nach dem Ergebnis der Volkszählung vom 8. Oktober 1919, in: *Handbuch über den preußischen Staat 1922*, S. 10 ff.

4 Neben diesem zusammenhängenden Gebiet sind die Industriebezirke Bitterfeld und im östlich gelegenen Landkreis Liebenwerda hinzuzuzählen, so dass sich eine Gesamtzahl von nahezu 200.000 Arbeitern ergibt. Siehe dazu: Christian Knatz: *„Ein Heer im grünen Rock“?*

meinden und Städten die maximal 35.000 Seelen zählen geprägt. Mit über 180.000 Einwohnerinnen und Einwohnern ist Halle an der Saale die einzige Großstadt im mitteldeutschen Industrierevier.

Dreh- und Angelpunkt sind die Leuna-Werke, deren Silhouette, mit den alles überragenden Industrieschloten, die Landschaft beherrscht. Das Werksgelände erstreckt sich auf einer Länge von sieben Kilometern und einer Breite von drei Kilometern. In dem zu diesem Zeitpunkt weltweit größten Industriekomplex seiner Art sind mehr als 22.000 Menschen beschäftigt. Nach dem Ersten Weltkrieg wird die Produktion umgestellt und mit den Anlagen ein Großteil des von der deutschen Landwirtschaft benötigten Stickstoffdüngers erzeugt. Die Herstellung basiert auf der Ammoniakproduktion, gleichsam Grundstoff für Düngemittel wie für Sprengstoff.

Allerdings herrschen miserable Arbeits- und Lebensbedingungen, weshalb die 1917 entstehende USPD im Werk und der Region sehr viele Anhänger und Anhängerinnen hat und die Revolution gegen den Weltkrieg und die Monarchie bereits am 7. November 1918 Mitteldeutschland erfasst – während sie Berlin erst am 9. November erreicht.

Zur Jahreswende 1919 entsteht dann in Berlin die KPD, mit einem bolschewistischen, revolutionären Programm. Es geht der kommunistischen Partei nicht um eine Beteiligung am demokratischen Prozess, sie will die proletarische Revolution expliziert mit der Waffe in der Hand erzwingen.

Noch radikaler gebärdet sich in diesem Sinne die, im April 1920 von der KPD abgespaltene und zum Zeitpunkt des Aufstands stärkere, KAPD (Kommunistische Arbeiterpartei Deutschland). Beide Parteien sind als Teil der Kommunistischen Internationale, kurz Komintern oder KI, mit Sitz in Moskau, einzig der proletarischen Weltrevolution nach bolschewistischem Vorbild verpflichtet. Deshalb forcieren die kommunistischen Parteien auch den Mitteldeutschen Aufstand, den es ohne Weisung aus der Russischen Sowjetrepublik nicht gegeben hätte.

Seine Protagonisten führen die Erhebung im März 1921 in erster Linie als militärische Konfrontation. Das Gros der bewaffnet Kämpfenden rekrutiert sich aus Kriegsveteranen des Ersten Weltkriegs; durch Kriegserleb-

---

*Der mitteldeutsche Aufstand 1921, die preußische Schutzpolizei und die Frage der inneren Sicherheit in der Weimarer Republik*, S. 26 ff.

Die Leuna Werke, Anfang der 1920er-Jahre die größte Chemiefabrik der Welt. Aufnahme 2. Mai 1928.

nisse, revolutionäre Bürgerkriegskämpfe und existenzielle Nachkriegsnot traumatisierte Männer, zumeist nicht älter als 25 Jahre und proletarischer Herkunft. Vor allem aber sind sie Idealisten; bereit, alles zu geben für die Idee, eine Welt in kapitalistischen Ketten endlich hinter sich zu lassen.

Lässt sich der revolutionäre Eifer nachvollziehen, ist einiges aus der Zeit des Mitteldeutschen Aufstands heute schwer verständlich. Dazu gehört, dass Frauen aus dem bewaffneten Kampf ausgeschlossen bleiben. Max Hoelz, ein legendärer Anführer, schreibt dazu *„Bei keiner der Truppen, die unter meiner Leitung kämpften - weder im Vogtlande, noch in Mitteldeutschland - befanden sich Frauen. Als während des mitteldeutschen Aufstandes, nach dem zweiten Gefecht in Eisleben, eine Arbeiter-Samariter-Kolonne auftauchte, die unter der Leitung einer in Männerkleidung auftretenden Hallenser Genossin stand, waren die Rotgardisten von dieser Erscheinung nicht erbaut. Ich hatte den Eindruck, daß die Rotgardisten - auch bei mir war das der Fall - Frauen während der Kämpfe nicht gern um sich sahen. Sie befürchteten vielleicht, durch sie von ihrer Aufgabe abgelenkt zu werden.“*[5]

5 Hoelz, Max: *Vom ‚Weißen Kreuz‘ zur Roten Fahne*, Berlin 1929, S. 153.

So rückschrittlich patriarchal wie Hoelz sind aber nicht alle militanten Anführer. Zwischen Karl Plättner, einem weiteren Initiator und Aktivisten des Aufstandes und Max Hoelz lassen sich in dieser Frage große Unterschiede ausmachen.

Wenn es auch weder eine bewaffnet kämpfende Frau noch eine in einer leitenden Funktion beim Mitteldeutschen Aufstand gegeben hat, beginnt Plättner gleich nach dem Aufstand einen Bandenkrieg unter der Parole, ‚Expropriation der Expropriateure'. An Plättners militanter Organisation sind Frauen wie Männer beteiligt. Da er aber als Aktivist der KAPD politisch nicht genehm ist, schweigen sich die KPD- bzw. SED-Chronisten und Chronistinnen später über Karl Plättner, wie über vieles andere, aus.

Im Kampf um die Deutungshoheit findet die Geschichte des Mitteldeutschen Aufstands seine Fortführung. Für die KPD sind einzig soziale Gründe in Kombination mit einem überbordenden Polizeieinsatz die Auslöser für die Revolte.

Kein Wort verliert die Partei darüber, dass sie als Befehlsempfängerin der KOMMUNISTISCHEN INTERNATIONALE eine bewaffnete Konfrontation ohne Aussicht auf Erfolg initiiert hat. Dass der Aufstand in einer Niederlage endet, wird als eine notwendige Lehre, als Etappe, die den nächsten Sieg vorzubereiten hilft, dargestellt. In diesem Sinne, sich selbst als Anführerin des Proletariats stilisierend, erhebt die KPD Anspruch auf die gefallenen Aufständischen. Seinen Höhepunkt findet die Stilisierung der gefallenen Kämpfer als Märtyrer für den Kommunismus Jahre später.

Zu Zeiten des Mitteldeutschen Aufstands wähnt sich die kommunistische Bewegung noch in der Offensive. Es gibt zwar die Erfahrungen, dass die demokratische Regierung mit Freikorps, Reichswehr und der Polizei gegen revolutionäre Aufstände vorgeht und mit dem Kapp-Putsch 1920 hat es bereits einen rechtsradikalen Putschversuch gegeben. Für Kommunistinnen und Kommunisten ist das aber alles dieselbe Seite einer Medaille und fällt unter Begriffe wie ‚reaktionär' oder ‚weißer Terror'. Die andere Seite der Medaille ist die revolutionäre Bewegung unter kommunistischer Führung. So sieht sich die KPD nicht als Beschützerin der Demokratie, vielmehr will sie den Kapitalismus zerschlagen und eine Diktatur nach bolschewistischem Vorbild errichten. Insofern spielt der Mitteldeutsche Aufstand in die Geschichte des Antifaschismus hinein; wenn auch der Begriff im Verlauf der Auseinandersetzung noch nicht zur Geltung kommt. Die KPD führt die Bezeichnungen Faschismus und Antifaschismus erst Anfang der 1920er-Jahre als polemische Kampfbegriffe im Deutschen Reich ein. In Deutschland gibt es keine Organisation oder Bewegung die sich selbst als faschistisch bezeichnet, allein schon deshalb, weil der Faschismus seinen Ausgangspunkt beim ehemaligen Kriegsgegner Italien hat.

Aus kommunistischer Sicht stellen parlamentarische Demokratie wie Faschismus lediglich Herrschaftsformen des Kapitalismus dar. Antifaschismus wird mit Antikapitalismus gleichgesetzt. Im Faschismus wird die schärfste Form kapitalistischer Herrschaft gesehen. Eine Herrschaft, zu der er greift, wenn alle anderen Mittel ausgeschöpft sind und die proletarische Revolution vor der Tür steht.

Diese Linie macht auch der spätere historische Bezug klar. In engem Verhältnis zur Sowjetunion entsteht am 7. Oktober 1949 die DDR. Laut Propaganda handelt es sich um ‚den ersten sozialistischen Staat auf deutschem Boden'. Aus Sicht der Parteiideologen hat sich in der DDR die ‚historische Mission' der KPD und der ‚Märzkämpfer' erfüllt. Das ist eine Behauptung, die vom Volksaufstand im Juni 1953 konterkariert wird, erst recht, weil ein Schwerpunkt des Aufbegehrens im Mitteldeutschen Industrierevier liegt.

Nachdem die Volksbewegung niedergeschlagen ist, wird der Aufstand von 1921 ein zentraler historischer Bezugspunkt für die SED. Freilich in der ihr eignen Sicht. Mit dem Anspruch, das bessere Deutschland darzustellen und ein sozialistischer, antifaschistischer Staat zu sein, werden hingegen Oppositionelle als ‚Kriminelle', ‚Faschisten', ‚Asoziale' oder ‚westliche Agenten' denunziert und verfolgt. Das funktioniert problemlos, denn ohne Frage ist die DDR eine Entwicklung aus der kommunistisch-bolschewistischen Traditionslinie. Etliche ehemalige ‚Märzkämpfer' wenden sich zwar von der SED ab oder fallen in Ungnade, aber es gibt genauso diejenigen, die sich stets linientreu verhalten und ihre Ideale in der DDR verwirklicht sehen. Diese Ambivalenz gilt es stets zu beachten, wenn man sich mit dem Mitteldeutschen Aufstand beschäftigt und die Frage beantworten will, um welchen Kampf und Sieg es geht.

# Zum Verständnis

Die KPD verwendet den Begriff *Märzaktion* für die Revolte 1921 in Mitteldeutschland, während die KAPD, wie die Kämpfenden selbst, stets vom *Mitteldeutschen Aufstand* sprechen. Andere Kreise nennen die Ereignisse *Märzkämpfe in Mitteldeutschland*.

Max Hoelz wird zeitgenössisch in der Regel Hölz geschrieben. Beide Schreibweisen sind richtig. Es ist möglich, dass Max Hölz, aufgrund seines längeren Aufenthalts in England vor dem Ersten Weltkrieg, das ö in ein oe verändert hat. Er selbst unterzeichnet mit Hoelz.

In der Literatur über den Mitteldeutschen Aufstand ist oft von der ‚grünen Polizei' bzw. der SiPo (SICHERHEITS-POLIZEI) die Rede. Diese Bezeichnungen sind irreführend, denn die SiPo ist bereits seit Oktober 1920 abgeschafft.

Die Idee für die paramilitärische SiPo entsteht im Zusammenhang mit den Märzkämpfen 1919 in Berlin. Hauptmann Waldemar Pabst, im Januar 1919 verantwortlich für die Morde an Rosa Luxemburg und Karl Liebknecht, unterbreitet Reichswehrminister Gustav Noske (SPD) am 10. März 1919 das schriftliche Konzept für eine kasernierte, militärisch ausgerüstete und gegliederte Polizeitruppe zur Aufstandsbekämpfung. Damit soll auch versucht werden, eine Reserve der durch die Abrüstungsanordnungen des Versailler-Vertrages auf 100.000 Mann begrenzte Reichswehr zu schaffen.

Es bedarf einiger Gespräche, bevor Deutschland von den Siegermächten die Bildung einer kasernierten Polizei in einer Gesamtstärke von 100.000 Mann zugestanden wird. Im Juni 1919 entsteht so die auf Länderebene organisierte, aber zum größten Teil durch das Reich finanzierte, SICHERHEITS-POLIZEI, kurz SiPo. Ihre militärische Ausrichtung macht

Darstellung eines Sicherheitspolizisten aus dem Jahr 1920. Nach der Auflösung der SiPo bleibt der auffällige Tschako als Polizeihelm in Gebrauch. Der preußische Gardestern wandelt sich zum Polizeistern.

Der markante Helm wird für lange Zeit zum Erkennungszeichen der Polizei. Nordrhein-Westfalen schafft ihn Anfang der 1970-er Jahre als letztes Bundesland ab.

die neue Polizeitruppe vor allem für ehemalige Soldaten des Deutschen Heeres bzw. aus den Freikorps interessant. Als Grundlage für die Uniformierung dient die alte, graugrüne Bekleidung der Gardejäger der kaiserlichen Armee.

So wird die SiPo bald als ‚grüne Polizei' bezeichnet. Auch die ehemalige Kopfbedeckung der Jägerbataillone, der Tschako, wird von der SiPo getragen und der leicht umgestaltete preußische Gardestern zum bis heute üblichen Polizeistern. Dabei existiert die SiPo nicht viel länger als ein Jahr. Spätestens seit dem Kapp-Putsch im März 1920 ist die paramilitärische Polizei vor allem Frankreich ein Dorn im Auge. Aufgrund französischer Proteste trifft die Entente schließlich die Anordnung, dass die SiPo am 4. Oktober 1920 aufgelöst werden muss; auch die grüne

Die Schupo löst die SiPo als Instrument der Aufstandsbekämpfung ab. Viele Schupo-Beamte sind ehemalige Frontsoldaten. Es bleibt auch bei der paramilitärischen Struktur und Ausrüstung. Das Foto zeigt eine Abteilung bei der Ausbildung. Gut zu sehen, Karabiner, Handgranaten (Beutel beim Beamten links über der Schulter) und eine Maschinenpistole MP 18. Rangabzeichen (Schulterstücke) werden bei Spezialoperationen abgelegt.

Uniform ist abzuschaffen. Gleichzeitig wird die weniger militärisch gegliederte und ausgerüstete SCHUTZPOLIZEI (Schupo) in Preußen, Sachsen und Baden-Württemberg gegründet. In Hamburg und dem Freistaat Oldenburg wird die SiPo in ORDNUNGSPOLIZEI umbenannt, in Bayern ab November 1920 in BAYRISCHE LANDESPOLIZEI. Die Schupo erhält eine blaue Uniform, die allerdings erst am 28. September 1923 realisiert werden kann. In Zeiten allgemeiner Materialknappheit und Inflation erfolgt die Einführung schleppend, noch 1930 gibt es ‚Auftragevorschriften' für die grüne Uniform.[6]

6 Löhken, Ingo: *Die Polizei-Uniformen in Preußen 1866 – 1934*, Friedberg 1986, S. 23.

# Ziel Weltrevolution

Militärisch, ökonomisch und politisch ist das Russische Kaiserreich im dritten Kriegsjahr am Ende. Deutsche Truppen sind weit nach Osten vorgerückt. Die Schuld an der Misere wird dem Zaren gegeben. Als infolge des Krieges die Lebensmittelversorgung weitgehend zusammenbricht und eine galoppierende Inflation die Preise um 400 Prozent in die Höhe treibt, eskaliert die Situation. An der Front sind bis 1917 über 1,7 Millionen russische Soldaten gefallen und fast 5 Millionen werden verwundet. Immer mehr Menschen leben im Elend und begehren gegen die Zarenherrschaft auf.

Am 23. Februar 1917, nach dem alten, damals in Russland geltenden julianischem Kalender[7], beteiligen sich zum wiederholten Male viele Soldatenmütter, Ehefrauen und Arbeiterinnen aus den PUTILOW-WERKEN, einem der größten Rüstungsbetriebe in der russischen Hauptstadt Petrograd, Amtssitz von Zar Nikolaus II., an den Protesten. Nach dem im übrigen Europa bereits geltenden gregorianischen Kalender findet diese Demonstration am 8. März statt, dem internationalen Weltfrauentag, der erstmals im Jahr 1911 begangen wird.

Rücksichtslosen gehen Soldaten gegen die Demonstration vor, es kommt zu Toten. Das wird zum Funken am Pulverfass. Neue Demonstrationen weiten sich schnell zu Unruhen aus unter denen die Staatsmacht zusammenbricht. Am 27. Februar, bzw. 12. März, 1917 übernehmen der Petrograder Arbeiter- und Soldatenrat und die Duma gemeinsam die Macht. Am 2. März, bzw. 15. März, dankt

7 Nach dem gregorianischen Kalender im März. Erst am 14. Februar 1918 verordnet Lenin den bis dato in Russland gültigen julianischen Kalender durch den gregorianischen zu ersetzen. Lediglich die orthodoxe Kirche verweigert sich und begeht alle ihre Feste weiterhin nach dem julianischen Kalender.

der Zar offiziell ab. Im Februar bzw. Eine provisorische Regierung unter dem Rechtsanwalt Alexander Fjodorowitsch Kerenski (Partei der Sozialrevolutionäre) übernimmt die Macht.

Unterstützt durch die westlichen Verbündeten soll er Krieg gegen Deutschland an der Seite der Entente fortgesetzt werden. Eine mächtige Offensive soll den Umschwung bringen. Neue Freiwillige melden sich, Material und Waffen werden bereitgestellt. Was mit großem Elan und tönender Propgaganda beginnt, endet als militärisches Debakel und lässt die Bolschewiki, die als einzige Partei für einen sofortigen, bedingungslosen Frieden eintritt, für viele zum Hoffnungsträger werden. Ein sofortiger Friedensschluss mit Russland liegt auch im Sinn der deutschen Obersten Heeresleitung, kurz OHL, die alle Kräfte für die Entscheidung an der Westfront benötigt. Im April 1917 sind die USA in den Krieg eingetreten. Ein militärischer Erfolg ist für die OHL nur noch möglich, bevor die großen Truppenverstärkungen, samt Ausrüstung und Material für die Verbündeten, aus den USA anlanden.

So wird im April 1917 der ideologische Kopf der Bolschewiki, der seit 1908 im Schweizer Exil lebende Wladimir Iljitsch Uljanow, genannt Lenin, mitsamt 18 weiteren bolschewistischen Kadern, in einer Geheimoperation nach Russland gebracht. Es ist nur ein Transport von vielen. Mehr als 400 russische Emigranten und Emigrantinnen verschiedener politischer Richtungen erreichen mittels deutscher Unterstützung bis zum Juni 1917 Russland.[8] Die deutsche Unterstützung für die Bolschewiki geht jedoch weit über die genannte Bahnfahrt hinaus. Der Staatssekretär im Auswärtigen Amt, Richard von Kühlmann, der die Geheimdiplomatie mit den russischen Emigrantinnen und Emigranten betreibt, sagt darüber: *„Die Sprengung der Entente und in der Folge die Bildung uns genehmer politischer Kombinationen war das wichtigste diplomatische Kriegsziel. Als schwächstes Glied in der feindlichen Kette erschien der russische Ring; es galt daher, ihn allmählich zu lockern und wenn möglich herauszulösen. Diesem Zweck diente die destruktive Arbeit, die wir hinter der Front in Rußland vornehmen ließen, in erster Linie die Förderung der separatistischen Tendenzen und die Unterstützung der Bol-*

8 Hahlweg, Werner: *Lenins Reise durch Deutschland im April 1917*, in: Vierteljahrshefte für Zeitgeschichte, Jg. 5, Nr. 4, 1957, S. 333.

*„Es lebe die Dritte kommunistische Internationale!“*, Plakat von Sergey Ivanovich Ivanov aus dem Jahr 1920. Unter Führung der Bolschewiki in Moskau sollte ab 1919 die proletarische Weltrevolution erzwungen werden.

*schewiki. Erst die Mittel, die den Bolschewiki auf verschiedenen Kanälen und unter wechselnden Etiketten von unserer Seite dauernd zuflossen, haben es ihnen ermöglicht, die ‚Prawda‘, ihr Hauptorgan, auszugestalten, eine rege Agitation zu betreiben und die anfangs schmale Basis ihrer Partei stark zu verbreitern.“*[9] Die Gesamtsumme, die 1917/18 von deutscher Seite den Bolschewiki angewiesen wird, schätzt Eduard Bernstein, der gute Beziehungen innerhalb der deutschen Regierung hat, auf *„über 50 Millionen Goldmark“*; etwa zehn Tonnen Gold.[10] Zurück in Russland, agitiert Lenin im Juli 1917 für einen Putschversuch gegen die provisorische Regierung unter Kerenski. Persönlich nimmt er an den Unruhen nicht Teil, sondern weilt lieber zur Erholung in Finnland.

9 Zit. in: Pipes, Richard: *Die russische Revolution*, Band 2. *Die Macht der Bolschewiki*, Berlin 1992, S. 132.

10 Pipes: *Die russische Revolution*, Band 2., Berlin 1992, S. 132..

Der Umsturzversuch scheitert, die Bolschewiki werden verboten und Lenin soll als Hochverräter und deutscher Agent der Prozess gemacht werden. Es gelingt den Bolschewiki jedoch relativ einfach unter anderem Namen ihre Aktivitäten fortzusetzen. Ihr Anführer taucht aber vorsichtshalber ab und will jetzt alles auf eine Karte setzen; Lenin drängt zum bewaffneten Aufstand. Im Oktober, bzw. nach dem gregorianischen Kalender im November, gelingt es den Bolschewiki zusammen mit den neu gegründeten Sowjets, basisdemokratischen Arbeiter- und Soldatenräten, die bürgerliche Regierung in einem zweiten Anlauf zu stürzen. So unterzeichnet die Russische Sowjetrepublik am 3. März 1918 den Friedensvertrag von Brest-Litowsk.

Das beendet den Krieg mit dem Deutschen Kaiserreich, doch ist der revolutionäre Griff zur Macht bereits in einen Bürgerkrieg übergegangen, der bis ins Jahr 1922 tobt und das Land härter trifft als der Weltkrieg. Weite Teile Russlands werden verwüstet, Hunger und Seuchen breiten sich aus, das Wirtschaftssystem bricht zusammen. Mehr als 10 Millionen Menschen finden den Tod, genaue Opferzahlen werden nie ermittelt. Am Ende triumphieren die Bolschewiki, die in der russischen Revolution den Prolog für die kommunistische Weltrevolution sehen. In diesem Sinne wird auch die Gründung der KPD zur Jahreswende 1918/19 in Berlin von Moskau forciert. Zwei kleine unbedeutende Organisationen, die IKD (Internationale Kommunisten Deutschland) und der Spartakusbund vereinen sich zur KPD (S) – S für Spartakusbund.

Vorher gilt es allerdings erhebliche Widerstände gegen eine solche Fusion in beiden Organisationen auszuräumen. Dafür wird aus Moskau der bolschewistische Emissär Karl Radek entsandt, der die wichtigen Köpfe beider Fraktionen aus der Zeit vor dem Ersten Weltkrieg kennt. Für die Bolschewiki ist die Existenz einer kommunistischen Partei in Deutschland von großer Bedeutung, da sie davon ausgehen, dass die Weltrevolution hier ihren Fortgang nehmen wird. Um ihre selbstauferlegte Mission zu erfüllen, gründen die russischen Revolutionäre und Revolutionärinnen am 2. März 1919 in Moskau die Kommunistische Internationale, kurz Komintern oder KI, auch als Dritte Internationale bezeichnet. Die Komintern ist Lenins Antwort auf die gescheiterte Zweite (Sozialistische) Internationale. Diese war 1889 in Paris gegründet worden und löst sich mit Beginn des Ersten Weltkriegs 1914 auf, da sämtliche sozialistische Parteien ihre kriegführenden Regierungen unterstützten.

In der, von den Bolschewiki dominierten, KOMINTERN sieht Lenin den Vorläufer einer internationalen Räterepublik, eine Art kommunistische Weltregierung mit der Zentrale in Moskau.[11] Rosa Luxemburg, Leo Jogiches und andere Mitglieder der Spartakusgruppe stehen dem skeptisch gegenüber. Sie wollen, dass zunächst starke revolutionäre Parteien in den westlichen Industrienationen entstehen. Rosa Luxemburg will in diesem Sinn als Abgesandte zum Gründungskongress der KOMINTERN nach Moskau fahren. Dazu kommt es nicht, weil sie am 15. Januar 1919 in Berlin von Freikorpssoldaten ermordet wird. Als Ersatz schickt die KPD Hugo Eberlein. Geboren am 4. Mai 1887 in Saalfeld, von Beruf technischer Zeichner, ist Eberlein 1905 in die SPD eingetreten. Er ist Mitbegründer der USPD[12] sowie des Spartakusbundes und der KPD, in deren Zentrale er gewählt ist. Eberlein erweist sich als verlässlicher Genosse. Wie von Luxemburg und Leo Jogiches bereits im Vorfeld empfohlen enthält er sich bei der Gründung der Komintern der Stimme. Das bleibt allerdiings eine hilflose Geste, die nichts bewirkt. Wie von Luxemburg und Jogiches vorausgesehen beginnt ein Prozess, in dessen Verlauf die kommunistische Bewegung in Deutschland zunehmend der Einmischung der Bolschewiki unterliegt.

Doch zunächst scheint mit der Gründung der KI die Weltrevolution auf der Tagesordnung zu stehen. Hinzu kommen die Berichterstattung und Propaganda der Bolschewiki und ihrer befreundeten Parteien. Viele Menschen sehen in der revolutionären Machtergreifung in Russland eine konkrete Hoffnung. Vor allem im Deutschen Reich, wo es nach dem Kriegsende im November 1918 zu großen sozialen und politischen Verwerfungen kommt. Auch in Deutschland ist der verlorene Krieg durch

11 Während des Zweiten Weltkrieges löste Stalin 1943, die weitgehend bedeutungslos gewordene, KOMINTERN als Zugeständnis an seine westlichen Alliierten überraschend auf.

12 Die *Unabhängige Sozialdemokratische Partei*, kurz USPD, entsteht 1917 als linke Alternative zur SPD. Aufgrund ihres konsequenten Friedenskurses wird die USPD zum Sammelbecken der gesamten Opposition. Von der Novemberrevolution 1918 bis zum Kapp-Putsch 1920 bleiben die ‚Unabhängigen' die bedeutendste linksradikale Partei im Deutschen Reich. Nachdem sich die KPD auch als Wahlpartei aufstellt, schließt sich der linke USPD-Flügel 1920 den Kommunist*innen an, ein anderer Teil kehrt 1922 in die SPD zurück. Die verbliebene USPD sinkt zur politischen Bedeutungslosigkeit herab und löst sich 1931 auf.

eine Revolution beendet worden. Der Kaiser türmt nach Holland, das Deutsche Reich wird zur parlamentarisch verfassten Republik. Linksradikale Kräfte träumen hingegen vom Ende des Kapitalismus. Eine Räterepublik nach kommunistischem Vorbild soll entstehen. Russland gibt das Beispiel, man muss nur handeln, die Knarre in die Hand nehmen. Tatsächlich kommt es 1919 zu revolutionären Aufständen und Versuchen, regionale Räterepubliken durchzusetzen. All das scheitert im blutigen Kampf mit Regierungstruppen. Ein Beispiel gibt Halle.

Plakat der KPD von 1919.

## Revolution und Kapp-Putsch in Halle

Die Mehrheit der organisierten Arbeiterschaft im Regierungsbezirk Merseburg steht links. Aus den Wahlen zur Nationalversammlung im Januar 1919 geht die USPD mit 43,9 Prozent hervor, das sind 269.000 Stimmen. Auf die SPD entfallen lediglich 89.000 Stimmen. Bei den Wahlen im Februar 1921 tritt die KPD erstmals an und erhält 29,8 Prozent oder 197.113 Stimmen, die USPD erhält 11,3 Prozent und die SPD 10,6 Prozent.[13] Zusammengerechnet zeigen die Wahlergebnisse aber, dass nicht mal die Hälfte der Bevölkerung sozialistisch wählt. Es gibt eben nicht nur Linke oder Proletarier*innen, sondern auch bürgerliche Liberale und Rechtskonservative. Dem Bürgertum, wie den Sozialdemokrat*innen, die sich in einem Bürgerausschuss konstituieren, sind der Arbeiter- und Soldatenrat, der seit dem 8. November 1918 in Halle die Macht in den Händen hält, ein Dorn im Auge. Außerdem hat der Arbeiter- und Soldatenrat während der Revolutionszeit eine Sicherheitswehr und in ihr als besondere Abteilung eine Matrosenkompanie aufgestellt. Über die Befugnisse, dieser zur Sicherung der Revolution bzw. des Arbeiter- und Soldatenrat aufgestellten Einheiten, herrscht keine Klarheit. Immer wieder kommt es zu Konflikten zwischen den Linksradikalen und dem liberal/sozialdemokratischen Lager. Rechtsradikale sind in den ersten Monaten der Weimarer Republik noch eine Randerscheinung.

Der von der USPD dominierte Arbeiter- und Soldatenrat in Halle lehnt jegliche Zusammenarbeit mit dem parallel existierenden Bürgerausschuss ab. Es kommt auch vor, dass die Linksradikalen in die Pressefreiheit eingreifen und ihnen missliebige Personen verhaften oder schi-

13 Schröder, Valentin: Weimarer Republik 1918 – 1933, Preußische Landtagswahlen, Wahlkreis Merseburg.

Eine Abteilung der *Matrosenkompanie* des *Sicherheitsregiment Halle*. Die *Matrosenkompanie* ist vom Obermatrosen Karl Meseberg, der am Matrosenaufstand im November 1918 in Kiel teilgenommen hat, noch im selben Monat in seiner Heimatstadt Halle gegründet worden. Ins *Sicherheitsregiment* integriert bildet sie eine für die linksradikale Bewegung in Halle wichtige Organisation. Karl Meseberg wird am 13. März 1919, mehr als eine Woche nach der Auflösung der *Matrosenkompanie*, vom *Freikorps Halle* verschleppt, angeschossen und in die Saale geworfen, wo er elend ertrinkt. Sechs Tage später findet man seine Leiche am Flussufer.

kanieren. In Halle kocht die ohnehin gereizte Stimmung über, als der Arbeiter- und Soldatenrat am 25. Februar 1919 den Generalstreik proklamiert. Der Bürgerausschuss will sich dieser Anordnung nicht fügen. Da der Arbeiter- und Soldatenrat seine Macht nach der Wahl zur Nationalversammlung ohnehin abgeben müsste bzw. nach den unmittelbar anstehenden Stadtverordnetenwahlen verlieren wird, erfolgt ein Aufruf zum Gegenstreik. Infolgedessen ist Halle vollständig lahmgelegt.

Die Situation eskaliert vollends, als das FREIWILLIGE LANDESJÄGERKORPS unter General Maercker die Stadt am 1. März 1919 besetzt. Der General soll in Halle wieder ‚geregelte' Verhältnisse herstellen und eingreifen, bevor Linksradikale in Mitteldeutschland eine Streikbewegung in Gang setzen, die auf das gesamte Reichsgebiet übergreifen könnte.

Beim Einmarsch des FREIWILLIGEN LANDESJÄGERKORPS zeigt sich der Arbeiter- und Soldatenrat kooperativ, alles bleibt friedlich. Es gibt jedoch etliche Linksradikale, die sich auch einem militärisch überlegenen Gegner nicht einfach beugen wollen, darunter vor allem die Angehörigen der vom Soldatenrat aufgestellten SICHERHEITSWEHR und der in ihr integrierten MATROSENKOMPANIE.

Als die Nacht anbricht, entwickeln sich in der Innenstadt heftige Kämpfe, die erst im Morgengrauen abebben. Oberstleutnant Robert von Klüber vom FREIWILLIGEN LANDESJÄGERKORPS will die Feuerpause nutzen, um am 2. März die Stadt in Zivil zu erkunden. Dabei wird er erkannt, gefangen genommen und von einer aufgebrachten Menge misshandelt. Nachdem ihn der Mob von einer Brücke in die Saale wirft, kann er sich ans Ufer retten, doch wird er dort, als er aus dem Wasser steigen will, mit dem Schlag eines Gewehrkolbens in den Fluss zurückbefördert. Die Kopfverletzung nimmt dem Oberstleutnant aber nicht die Besinnung und er versucht weiter wegzuschwimmen, woraufhin vom Ufer und der Brücke ein wildes Feuer auf ihn eröffnet wird. Nun schwimmt der Verletzte um sein Leben, bis ihn eine tödliche Kugel durch den Hals trifft und er in den Fluten versinkt.

Die Bluttat erregt große Aufmerksamkeit und zeigt, wie aufgeheizt das Klima gegen den Einsatz des FREIWILLIGEN LANDESJÄGERKORPS ist. In der Nacht zum 3. März eskaliert die Stimmung erneut in schweren Straßenkämpfen. Insgesamt kommen in diesen Tagen in Halle 29 Aufständische und Zivilisten ums Leben, 67 werden verwundet. Die Landesjäger zählen sieben Gefallene und 20 Verwundete.[14]

Dieses Desaster beschreibt die Situation des Jahres 1919. Eine bolschewistische Machtübernahme wie in Russland soll und kann es im Deutschen Reich nicht geben. Die Bedingungen dafür sind nicht vorhanden und die Kräfte reichen nicht aus.

14 Maercker, Georg: *Vom Kaiserheer zur Reichswehr. Geschichte des freiwilligen Landesjägerkorps*, Leipzig 1921, S. 128 ff.

## Abwehr des Kapp-Putsches und Ruhr-Kämpfe

Doch trotz aller Niederlagen bleibt der Glaube, mit einem bewaffneten Aufstand den Kapitalismus bezwingen zu können, lebendig. Neue Nahrung bekommt diese Revolutionsidee durch die Abwehr des Kapp-Putsches im März 1920. Der erste rechtsradikale Putsch in der deutschen Geschichte scheitert an einem Generalstreik sowie an der Unfähigkeit der Putschisten. Vielerorts geht die Abwehr des Putsches in bewaffnete Aktionen von links über.

Die sich im Zusammenhang mit der Abwehr des Kapp-Putsches entwickelnden Revolten stellen in der Summe den größten bewaffneten Aufstand in der Geschichte Deutschlands dar. Es ist eine spontane Aktion, der die KPD zunächst hinterherläuft. Denn die KPD-Führung interpretiert den Kapp-Putsch als eine Auseinandersetzung innerhalb der herrschenden Klasse, mit der die Kommunisten und Kommunistinnen nichts zu tun haben.[15]

Unter dem Eindruck der gewaltigen Massenaktion ändert die KPD-Leitung ihren Kurs schnell und versucht sich dann an die Spitze der bewaffneten Aufstände zu stellen. Im Ruhrgebiet und Mitteldeutschland, kommt es zu Bürgerkriegskämpfen. Auch in Halle gerät die Reichswehr in arge Bedrängnis. Der Abbruch der Kämpfe wird erst durch eine Amnestie für alle im Zusammenhang der Abwehr des Kapp-Putsches begangenen Straftaten erreicht.

15 Bereits am 13. März beginnen überall Demonstration und Streiks gegen den Putsch. Während in der *Roten Fahne* noch am 14. März ein Artikel erscheint, in dem sich die Partei explizit von einem Streik distanziert. Erst nachdem die KPD-Führung merkt, wie mächtig die allgemeine Bewegung gegen den Putsch geworden ist, schwenkt sie schnell um und verbreitet am 15. März einen eigenen Aufruf zum Generalstreik gegen den Putsch und die demokratische Republik. Siehe: *Die Novemberrevolution und die Gründung der KPD in Ostsachsen*, Bezirksleitung SED Dresden (Hrsg.), Dresden 1988, S. 60 ff.

In der kommunistischen Bewegung rumort es nach der Niederschlagung des Kapp-Putsches gewaltig. Ultralinke werfen der KPD eine inkonsequente Haltung im Generalstreik vor. Insbesondere Vertreter und Vertreterinnen des auf dem Heidelberger Parteitag[16] ausgeschlossenen linken Flügels melden sich lautstark zu Wort und behaupten, die KPD-Leitung hätte auf der Bielefelder Konferenz am 23. März einer Entwaffnung der ROTEN RUHRARMEE zugestimmt und damit die Revolution verraten.

Nach der Abwehr des Kapp-Putsches 1920 sollen die Waffen abgegeben werden. Viele werden jedoch von linksradikalen Aktivisten versteckt. Pistole und verschraubbarer Karabiner in einem Hackklotz.

Um die ROTE RUHRARMEE ranken sich bis heute Mythen. Die militante Bewegung entsteht im Zuge der Abwehr des Kapp-Putsches im entmilitarisierten Ruhrgebiet. Das heißt, auf Anordnung der Siegermächte des Ersten Weltkrieges muss sich das deutsche Militär aus dem Gebiet zurückziehen. Zur Sicherung bleiben lediglich einige schwache Reichswehr und SiPo-Einheiten gestattet. Ohne vorherige Erlaubnis der Siegermächte darf die deutsche Regierung dort kein weiteres Militär einmarschieren lassen. So können sich

16 Der zweite Parteitag der KPD findet vom 20. bis 23. Oktober 1919 statt. Da die Partei zu diesem Zeitpunkt verboten ist, wird der Tagungsort mehrmals gewechselt. Inhaltlich ist die Debatte durch die Auseinandersetzung vom Parteivorsitzenden Paul Levi mit dem links-syndikalistischen Flügel um Otto Rühle gekennzeichnet. Während sich Levi für eine Zusammenarbeit der KPD mit den Gewerkschaften und eine Beteiligung an den Wahlen einsetzt, beharrt Rühle mit seinem Flügel darauf, eine radikale, syndikalistische Organisierung in den Betrieben umzusetzen und Wahlen grundsätzlich zu boykottieren. Teilweise wird dieser Flügel, der die Mehrheit in der KPD repräsentiert, nach dem Parteitag ausgeschlossen. Nachdem die Parteiführung nun beschließt, an Wahlen teilzunehmen, kehrt ein Großteil der KPD-Mitglieder ihrer Partei den Rücken.

im Zuge der Abwehr des Kapp-Putsches im Ruhrgebiet spontan linksradikale Arbeitermilizen bilden. Diese Einheiten bestehen größtenteils aus Veteranen des Weltkrieges und vertreiben die Reichswehr und SiPo im Handumdrehen. Nach bekanntem Muster organisieren sich die Veteranen in militärischen Formationen und bilden eine ROTE RUHRARMEE. Dabei handelt es sich jedoch eher um eine reißerische Bezeichnung als tatsächlich um eine Armee. Die Bewaffnung besteht aus Gewehren, hinzu kommen MGs und ein paar Geschütze. Flugzeuge, Kavallerie und schwere Waffen fehlen vollständig. Ebenso Offiziere und ein Generalstab oder zumindest eine zentrale Führung. Allein deshalb, weil Arbeiter so gut wie nie Offiziere in der kaiserlichen Armee stellten, gibt es auch keine in der ROTEN RUHR-ARMEE. Über die Stärke dieser Truppe existieren keine exakten Angaben, sie wird auf maximal 60.000 Mann geschätzt[17]. Den Hauptanteil stellen USPD-Mitglieder, es gibt aber auch einen größeren Anteil der in der Region stark vertretenen, anarchosyndikalistischen FAU, sowie KPD- und selbst SPD-Genossen finden sich unter den Kämpfern.

Binnen weniger Tage befindet sich das Ruhrgebiet weitgehend unter Kontrolle dieser militanten Bewegung. Eine weitere Ausbreitung des Aufstandes wird von Regierungstruppen militärisch verhindert. Die deutsche Regierung muss erst die Erlaubnis von den Siegermächten einholen, bevor Reichswehr und Freikorps in das entmilitarisierte Gebiet einmarschieren können. Zuvor versuchen Regierungsvertreter, indem sie Anführern der Arbeitermiliz Amnestie versprechen, eine Einstellung der Kämpfe zu erreichen. Bei den Verhandlungen, die am 23./24. März 1920 in Bielefeld stattfinden, spielt Carl Severing eine zentrale Rolle.

Der 1875 in Herford geborene Carl Severing, ist gelernter Schlosser und im Metallarbeiterverband organisiert. Im Jahr 1893 wird er Mitglied der SPD und erringt 1907 ein Reichstagsmandat für den Wahlkreis Bielefeld-Wiedenbrück. Ab diesem Zeitpunkt ist Severing das Gesicht der Sozialdemokratie für Ostwestfalen und Lippe. Dem rechten Flügel der Partei angehörend, zählt Severing zu den Kriegsbefürwortern und vertritt den Parteiausschluss der oppositionellen Kräfte aus der SPD. Sein rigoroser

17 Lucas, Erhard: *Märzrevolution 1920, Band 2. Der bewaffnete Aufstand in seiner Struktur*, Frankfurt/Main $^{2}$1983, S.86.

Kurs trägt entscheidend dazu bei, dass die USPD in Ostwestfalen kaum Fuß fassen kann. Ebenso gelingt es Severing in der Zeit der Novemberrevolution, die politischen Verhältnisse in der Region zu dominieren. Bielefeld bleibt die ruhigste Industriestadt in Deutschland. Hier gibt es keinen Arbeiter- und Soldatenrat, sondern einen Volks- und Soldatenrat ohne politische Ansprüche. Dieses Vorbild wirkt überall in Ostwestfalen und Lippe.

Eine überregional bedeutende Rolle spielt Severing erstmals 1919/20 als Reichs- und Staatskommissar im Ruhrgebiet. Während des Ruhr-Aufstandes ist er maßgeblich am Zustandekommen des Bielefelder Abkommens beteiligt, in dem sich ein Teil der Roten Ruhrarmee zur Einstellung des Kampfes und zur Waffenabgabe bereit erklärt. Ein Teil der Aufständischen lehnt es aber rundweg ab, den Kampf einzustellen, andere wiederum erfahren von den Verhandlungen gar nichts.

Weitere Gespräche werden durch das eigenmächtige Vorgehen des,nicht in die Verhandlungen eingebundenen regionalen Militärbefehlshabers, Generalleutnant Oskar von Wattern, durchkreuzt. Der General befiehlt am 31. März den Einmarsch der Regierungstruppen ins Ruhrgebiet, was mit der Proklamation eines neuen Generalstreiks beantwortet wird. Es folgt die blutige Niederschlagung des Aufstandes. Am 6. April enden die Kämpfe.

Wie viele Aufständische ihr Leben lassen, lässt sich nicht ermitteln. Es ist von mehr als tausend Toten auszugehen, von denen viele erst nach ihrer Gefangennahme umkommen oder auf der ‚Flucht erschossen' werden. Insgesamt 50 standrechtliche Todesurteile werden vollstreckt. Das Reichswehrministerium gibt 208 tote und 123 vermisste Soldaten, die zum größten Teil als tot angenommen werden, sowie 41 gefallene SiPos an.[18] Rund 15.000 Menschen sind durch die Kämpfe auf der Flucht.[19] Hinzu kommen Zerstörungen von Häusern und Infrastruktur und Verhaftungswellen nach der Zerschlagung der Roten Ruhr-Armee.

18 Lucas, Erhard: *Märzrevolution 1920, Band 3. Die Niederlage*, Frankfurt/Main 1978, S. 374 ff.

19 Ebenda, S. 345.

## KPD, KAPD, VKPD

Allein, dass sich einige KPD-Vertreter an der Bielefelder Konferenz beteiligt haben, sehen Ultraradikale als Verrat an. Überhaupt sei für die Niederlage im Ruhrgebiet die schlappe und inkonsequente Haltung der Parteiführung verantwortlich. Diese Kritik mündet am 4./5. April 1920 in der Gründung der KAPD (KOMMUNISTISCHE ARBEITERPARTEI DEUTSCHLAND).

Damit tritt Karl Plättner, seit dem Weltkrieg Berufsrevolutionär, auf den Plan. *„Untersetzte, kräftige Figur [...], etwas gebeugte Haltung, schwarzes Haar, rundes Gesicht, blasse Gesichtsfarbe, kein Bart. Anzug: Dunkler Jackett Anzug, weißer Kragen, weißer Serviteur, dunkler, langer Selbstbinder, dunkler Überzieher, schwarzer, steifer Hut und schwarze Schuhe,“*[20] mit dieser Personenbeschreibung sucht die Polizei nach Plättner, der seit seiner Flucht nach der militärischen Niederschlagung der Bremer Räterepublik am 4. Februar 1919 das ‚Hetzleben‘ eines Illegalen führt.

Während der Märzkämpfe 1919 hält er sich in Berlin auf. Welche Funktion Plättner dort ausübt, ist nicht bekannt. Es gelingt ihm jedenfalls, einer Verhaftung zu entgehen. In den folgenden Monaten zieht er als Wanderredner der KPD durch Mitteldeutschland und verfasst eine Broschüre mit dem Titel *‚Der Weg zur Rätediktatur‘*.

In diesem Text resümiert Plättner seine Erfahrungen aus dem letzten halben Jahr der Revolution im Deutschen Reich. Auf die Frage *„Wie konnte die Revolution mißlingen?“* lautet seine Antwort: weil die Massen nach wie vor an denen hängen, die sie belügen und betrügen. Vor allem, aber weil sie der Nationalversammlung und dem Parlamentarismus vertrauen und die Revolution nicht in die Betriebe hineintragen. Plättners Fazit:

20 Zit. in: Ulrich,Volker: *Der ruhelose Rebell. Karl Plättner 1893-1945*, München 2000, S. 77.

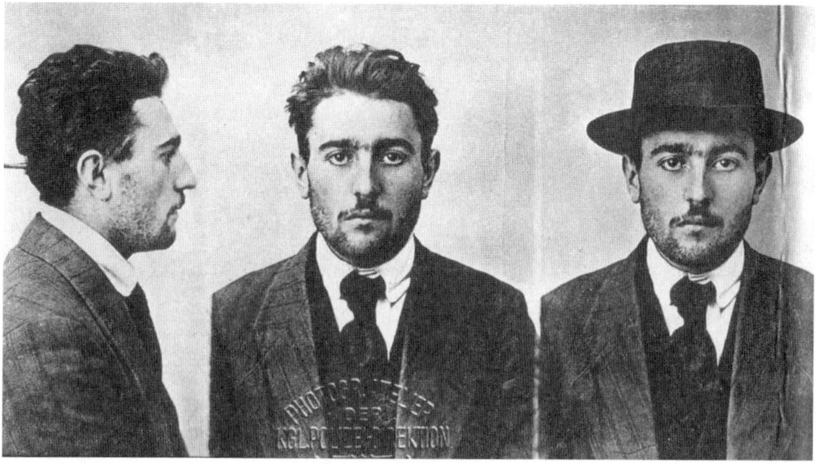

Karl Plättner, Erkennungsdienstliche Fotos.

*„Nur das reine, unverfälschte Rätesystem, das kein bürgerliches Parlament neben sich duldet, kann uns retten.*[21]*"* Um dieses Ziel zu erreichen, propagiert der Revolutionär die *„sofortige Bewaffnung des Proletariats"* und die *„Bildung einer Kommunistischen Garde"*.[22]

Wie viele Linksradikale ist Plättner nach wie vor davon überzeugt, dass es nur entschlossener Tatkraft bedarf, um die Revolution zu bewirken. Er selbst will in diesem Prozess vorangehen und belässt es nicht bei Worten. Einige seiner Auftritte enden, wie Mitte April 1919 in Aschersleben, im Straßenkrawall. Im September verhaftet die Polizei den Rebellen in Halle. Im Gefängnis hält es Plättner nicht lange. Mit einem tollkühnen Sprung aus dem Fenster eines fahrenden Zuges gelingt ihm im Dezember die Flucht.

In diese Zeit fällt der Heidelberger Parteitag der KPD. Selbstverständlich steht Plättner auf der Seite der Linksradikalen und sieht in der Spaltung die Gelegenheit, eine wahrhaft revolutionäre Partei zu gründen. Von Beginn an ist er der KAPD *„mit Haut und Haaren"*[23] verschrieben.

21 Plättner, Karl: *Der Weg zur Räte-Diktatur*, Halle 1919, S. 20.

22 Ebenda, S. 25 ff.

23 Zit. in: Ulrich, Volker: *Der ruhelose Rebell*, S. 80.

Demonstration mit der ersten *Proletarischen Hundertschaft Eisleben*.

Im Unterschied zur KPD lehnt die KAPD weiterhin jede Beteiligung am Parlamentarismus und jegliche Zusammenarbeit mit Gewerkschaften ab. An die Stelle von Gewerkschaften sollen revolutionäre Betriebsorganisationen treten. In der ALLGEMEINEN ARBEITERUNION DEUTSCHLAND (AAUD) schließen sich solche Organisationen im Februar 1920 zusammen. *„Die Union löst ihre Aufgabe im engen Verein mit der kommunistischen Arbeiter-Partei [...] Die Kader im Betrieb werden zur beweglichen Waffe der Partei, der Betrieb wird zum Nährboden der Partei.“*[24]

Dem leninistischen Organisationsmodell verweigert sich die KAPD. Auf ihrem Gründungskongress verkündet sie einen *„Aufruf an das deutsche Proletariat“*, in dem es heißt, die KAPD sei *„keine Partei im überlieferten Sinne“*; das Hauptziel der neuen Organisation sei *„die Befreiung von jeglichem Führertum“*.[25] Deshalb propagiert die KAPD die direkte Aktion und den bewaffneten Kampf. Mit Bombenanschlä-

24 Bericht über den Gründungs-Parteitag der Kommunistischen Arbeiter-Partei Deutschlands am 4. und 5. April 1920 in Berlin, in: *Jahrbuch der Arbeiterbewegung*, Bd. 5. Frankfurt/M. 1977, S. 227 ff.

25 Zit. in: Bock, Hans Manfred: *Syndikalismus und Linkskommunismus von 1918 bis 1923. Ein Beitrag zur Sozial- und Ideengeschichte der frühen Weimarer Republik*, Meisenheim am Glan 1969, S. 228.

gen und Banküberfällen setzen Parteimitglieder diese Gedanken in den nächsten Monaten in die Tat um, was entscheidend dazu beiträgt, dass die KAPD kurz nach ihrer Gründung bereits mehr als 40.000 Mitglieder[26] zählt. Eine revolutionäre Vereinigung mit dem Anspruch, gegen jegliche Führung anzutreten, hat freilich den Nachteil, dass sich in ihr alle denkbaren ideologischen und persönlichen Ansichten Geltung zu verschaffen trachten. Von Beginn an ist die KAPD deshalb in heftige interne Flügelkämpfe verstrickt.

Für besonderen Unmut sorgt eine Strömung um Heinrich Laufenberg und Fritz Wolffheim aus Hamburg, die seit Ende 1919 einen nationalbolschewistischen Kurs vertreten. D.h. sie agitieren für einen revolutionären Volkskrieg gegen die Entente-Mächte an der Seite der Sowjetunion. Dazu ist ihres Erachtens, wie zu Zeiten des Weltkrieges, einen Burgfrieden zwischen Bourgeoisie und Proletariat nötig.

Auf dem 2. Parteitag der KAPD Anfang August 1920 wird dieser nationalbolschewistische Flügel ausgeschlossen.

Daneben gibt es eine stark syndikalistische Tendenz, die politische Parteien überhaupt als überflüssig ansieht und das Aufgehen der KAPD in der ALLGEMEINEN ARBEITER-UNION anstrebt. Für diese Linie einer ‚Einheitsorganisation', die besonders in der Parteistruktur in Ostsachsen Anhänger und Anhängerinnen hat, steht Otto Rühle.

Daraufhin verfasst Karl Plättner gegen seinen einstigen Mitstreiter die Broschüre *‚Rühle im Dienste der Konterrevolution'* und spricht von *„illusionistischen Parteiverneinern"*[27], die mittels *„konfusen Phantasieräten"*[28] *eine „verhängnisvolle Desorganisation"*[29] betreiben würden. Für Plättner bleibt die revolutionäre Partei, die den Kämpfen Ziel und Richtung gibt, Voraussetzung für einen erfolgreichen Klassenkampf. Dementsprechend bestehen auch starke Dissonanzen in der Frage, wie sich die KAPD zur Sowjetunion stellen soll.

26 Es existieren unterschiedliche Zahlenangaben. Bock gibt *in Syndikalismus und Linkskommunismus von 1918 – 1923* für August 1920 eine Zahl von 40.000 Mitgliedern an, S. 239. Laut Ulrich, *Der ruhelose Rebell*, sollen es im Juli 1920 bereits 81.000 Mitglieder gewesen sein, S. 79.

27 Plättner, Karl: *Rühle im Dienste der Konterrevolution*, Hettstedt 1920, S. 2.

28 Ebenda, S. 4.

29 Ebenda, S. 7.

Das zeigt sich bereits beim zweiten Weltkongress der Komintern vom 19. Juli bis 7. August 1920. Ohne das Wissen der KPD lädt das höchste Gremium der Komintern, das EKKI (Exekutivkomitee der Kommunistischen Internationale), auch Vertreter der KAPD und der USPD ein.

Der Grund für dieses Vorgehen der Bolschewiki findet sich im Zustand der KPD, die gegen ihre Bedeutungslosigkeit ankämpft. Die Reichstagswahl am 6. Juni 1920 endet für die Kommunistinnen und Kommunisten niederschmetternd: die SPD erhält 5.617.687 Stimmen, das sind 21,6 Prozent und 113 Abgeordnetensitze, die USPD bekommt 4.897.401 Stimmen, was 18,8 Prozent und 81 Sitzen entspricht, die KPD erreicht mit 442.045 Stimmen lediglich 1,7 Prozent und zwei Abgeordnetensitze; Paul Levi und Clara Zetkin.[30] Sich selbst überlassen droht die KPD von der politischen Bildfläche zu verschwinden.

Deshalb greifen die Bolschewiki ein und wollen KPD, USPD und KAPD zu einer Partei vereinigen, was bei diesen Organisationen nicht auf Gegenliebe trifft. Otto Rühle, der als Delegierter der KAPD an dem Kongress teilnimmt, bricht die Gespräche nach kurzer Zeit ab und begibt sich auf den Rückweg nach Deutschland. Allein die 21 Aufnahmebedingungen der Komintern sind für ihn inakzeptabel. *„Im Konkreten übertragen heißt dies Schema: Oben die Führer, unten die Masse. Oben: Autorität, Bürokratismus, Personenkult, Führerdiktatur, Kommandogewalt. - Unten: Kadavergehorsam, Subordination, Strammstehen. - Ein multipliziertes Bonzentum. Eine KPD-Zentrale der Superlative.“*[31]

Für Plättner hingegen ist die Sowjetunion immer noch Vorbild: *„Die deutschen Besserwisser haben Grund zu schweigen, denn sie sollten erst einmal Aktivitäten beweisen, ehe sie Rußland nach echter Spießbürgerart monieren.“* Rühle, dem Plättner *„krankhaften Individualismus“* und *„Autonomieduselei“* vorwirft, wird im Oktober 1920 mitsamt der ostsächsischen Parteistruktur aus der KAPD ausgeschlossen.[32]

30 Schröder, Valentin: Reichstagswahlen 1919 – 1933, Gesamtergebnisse, in: *Reichstagswahlen in Deutschland.*

31 Rühle, Otto: Moskau und wir, Die Aktion, 10. Jg. (1920), Nr. 37/38. Zit. in: H.-M. Bock: *Syndikalismus und Linkskommunismus*, S. 286.

32 Zit. in: Ulrich: *Der ruhelose Rebell*, S. 81.

Den Bolschewiki gelingt es nicht, die KAPD zur Fusion mit der KPD zu bewegen, doch können die USPD-Delegierten für diese Idee gewonnen werden. Woraufhin in der USPD ein erbitterter Streit über diese Frage ausbricht. Einige führende USPD-Mitglieder wollen ihre Partei der Komintern anschließen, während viele andere es ablehnen.

Titelseite des KPD-Mitgliedsbuches von 1919 – 1923. Ein Arbeiterriese zerschmettert die Ketten der Welt. Als Sektion der *Kommunistischen Internationale* ist die KPD von Beginn an Teil der bolschewistischen Organisation mit Sitz in Moskau.

Auf dem außerordentlichen Parteitag in Halle am 12. Oktober 1920 erfährt der Disput seinen Höhepunkt. Eigens reist aus Moskau der EKKI-Vorsitzende Grigori Sinowjew an und hält eine vierstündige Rede in deutscher Sprache.[33] Schließlich stimmt eine Mehrheit der Versammelten für die Annahme der von Lenin aufgestellten ‚Leitsätze über die Bedingungen der Aufnahme in die Kommunistische Internationale', auch die ‚21 Bedingungen' genannt. Das führt zur Spaltung der USPD. Kurze Zeit tritt der eine Teil unter dem Namen USPD (Linke) bzw. USPD (Dritte Internationale) - beide Bezeichnungen finden Verwendung - auf und vollzieht mit einem gemeinsamen Parteitag vom 4. bis 7. Dezember ihre Vereinigung mit der KPD. Von den etwa 890.000 USPD-Mitgliedern gehen um die 300.000 in die KPD über, deren Mitgliederzahl damit auf 370.000 steigt.[34] Dadurch wird die KPD zu einer politischen Kraft und zur größten kommunistischen Partei außerhalb der Sowjetunion. Doch hinter den

33 Prager, Eugen: *Das Gebot der Stunde. Geschichte der USPD*, Berlin / Bonn $^{4}$1980.

34 Entgegen der KPD-Propaganda tritt eine Minderheit der USPD zur KPD über. Während die Mitgliederangabe der USPD in allen Quellen ähnlich ist, differiert die Zahl der in die KPD übergetretenen USPD-Mitglieder stark. Die KPD gibt ihre Mitgliederzahl vor der Vereinigung auf ihrem 5. Parteitag am 1. Oktober 1920 offiziell mit 78.715 an. Damit dürfte die VKPD zu Beginn 370.000 Mitglieder gezählt haben, etliche Quellen geben 350.000 Mitglieder an. Siehe; Werner T. Angress: *Die Kampfzeit der KPD 1921 – 1923*, Düsseldorf 1973, S.105 ff.

Kulissen der ‚stärksten der Parteien', wie sich die KPD in Anlehnung an eine Textstelle aus der Internationale gern nennt, haben die Bolschewiki ein mächtiges Wort mitzureden. Die Fusion zur VKPD (Vereinigte Kommunistische Partei Deutschland), das V entfällt zwei Jahre später, hat noch einen weiteren, wesentlichen Aspekt: Mit den 21 Leitsätzen zur Aufnahme in die Komintern verpflichtet sich die VKPD, einen parallelen, illegalen Organisationsapparat für die Durchführung systematischer Untergrundarbeit aufzubauen. Hugo Eberlein, Gründungsmitglied der KPD und Vertrauensmann der Komintern, wird mit dieser Aufgabe betraut.

Hauptaufgabe des neuen M(ilitär)-Apparates unter Eberlein ist die Nachrichtenbeschaffung. Es soll kein militärischer Arm wie die Kampforganisation[35] aufgebaut werden. In diesem Sinne wird besonders darauf geachtet, dass keine unabhängig von der Partei funktionierende Leitungsfunktion entsteht.

Ein besonderes Problem stellt sich für Eberlein beim Aufbau des M-Apparates mit Widerständen aus der USPD, die über eine eigene, militärische Struktur verfügt. Der Kampforganisation der USPD, unter Ernst Däumig, gehören so gut wie alle wehrfähigen Männer des linken Parteiflügels an. Däumig ist keineswegs gewillt, ‚seine' Organisation aufzulösen. Um dem Konflikt beizukommen, wird mit der Parteienvereinigung die MPZ (Militärpolitische Zentrale) gebildet, in der M-Apparat und USPD-Organisation zusammengeführt werden.

35 Im Zuge der Kämpfe im Januar und März 1919 in Berlin entwickelt sich der zur KPD gehörende *Rote Soldatenbund* immer mehr zu einer eigenen Organisation, die sich militärische Aufgaben stellt. Deshalb wird der *Rote Soldatenbund* im Juni 1919 von der KPD aufgelöst und in die, Anfang des Jahres von der Reichszentrale der KPD ins Leben gerufene, *M-Abteilung* (M für Militärpolitisch) integriert. Deren erste Aufgabe besteht darin, den Schutz der Parteifunktionäre zu übernehmen und die Organisation gegen das Eindringen von Spitzeln und die Zerschlagung durch den Polizeiapparat zu sichern. In der *M-Abteilung* entsteht Ende Mai/Anfang Juni 1919 die *Kampforganisation*, kurz KO. Eine in Zehnergruppen streng konspirativ agierende, bewaffnete Struktur. In der KO finden sich viele Aktivisten des *Roten* Soldatenbundes. Nachdem die meisten KO-Mitglieder die KPD nach dem Heidelberger Parteitag verlassen, beschließt die KPD-Zentrale im Dezember 1919 die Auflösung der *Kampforganisation*.

# Im Aufwind

Nach Gründung der VKPD befinden sich die kommunistische Bewegung 1921 im Aufwind. Es gibt einige Erfolge bei Landtagswahlen und auch in den Betrieben gewinnt die Partei an Boden. Im Hintergrund schwelt jedoch ein Konflikt zwischen Teilen der KPD-Parteiführung und dem EKKI (Exekutivkomitee der Kommunistischen Internationale), dem Leitungsgremium der Komintern. Ohne die KPD vorher zu kontaktieren, ist die KAPD im Winter 1920 als sympathisierende Partei in die Komintern aufgenommen worden.

Das sorgt für Missstimmung, und als dann die Komintern auf Geheiß der Bolschewiki die Spaltung der Sozialistischen Partei Italiens billigt, hat die Fraktion um den Parteivorsitzenden Paul Levi restlos genug. Aus Protest tritt Levi mit seiner gesamten Fraktion, zu der Ernst Däumig und Clara Zetkin gehören, Ende Februar 1921 zurück. Es zeigt sich, dass nicht alle Mitglieder der KPD-Zentrale gewillt sind, sich kritiklos dem EKKI bzw. der Komintern-Politik zu unterwerfen.[36]

Zum Nachfolger Levis wird Heinrich Brandler bestimmt. Brandler, geboren am 3. Juli 1881 im böhmischen Warnsdorf, gelernter Maurer, tritt 1900 in die Gewerkschaft und 1901 in die SPD ein. Seit 1914 ist er hauptamtlicher Gewerkschaftsfunktionär in Chemnitz, 1915 wird er wegen seiner Zughörigkeit zur Gruppe Internationale, die sich 1916 in Spartakusbund umbenennt, aus der SPD ausgeschlossen. Zur Jahreswende 1918/19 ist er Mitbegründer der KPD und gehört seitdem der Zentrale der Partei an. Als Heinrich Brandler im Februar 1921 Paul Levi als KPD-Parteivorsitzenden ersetzt, sind Otto Hörsing, der Oberpräsident

36 Zu Paul Levi vgl. Schüttrumpf, Jörn (Hrsg.): *Levi, Gesammelte Schriften, Reden und Briefe*, Berlin 2018.

Im Jahr 1920 entstehen KAPD und AAU links von der KPD. Beide Organisierungen setzen ausschließlich auf die direkte Aktion, d.h. militante Angriffe, Banküberfälle und Bombenattentate mit dem Ziel einen bewaffneten Aufstand bewirken zu wollen. Beteiligung am Parlamentarismus, selbst Gewerkschaften, sind in den Augen der Ultraradikalen Verrat an der revolutionären Sache. Die KAPD geht faktisch im Mitteldeutschen Aufstand unter, ihre Reste spalten sich in der Folgezeit in bedeutungslose Zirkel auf. Plakat gegen die Reichstagswahl am 6. Juni 1920.

der preußischen Provinz Sachsen,[37] und Innenminister Carl Severing über die Situation im Mitteldeutschen Industriegebiet beunruhigt. Die Region ist zwar dem Weltkrieg aufgrund ihrer linksradikal eingestellten Arbeiterschaft ein Begriff, doch ist dort eine weitere Steigerung der politischen Spannungen unübersehbar.

Nach dem Krieg wird die chemische Industrie besonders für Arbeitssuchende aus den ehemaligen westlichen Provinzen Elsass-Lothringen, das an Frankreich, und Eupen-Malmedy, welches an Belgien fällt, zum Anziehungspunkt. Diese Gebiete mit großen Steinkohlerevieren hat Deutschland verloren und die deutsche Bevölkerung wird teilweise ausgewiesen. Viele der Neuankömmlinge sind entwurzelt und verbittert. Wirtschaftliche Not und die politischen Wirren ergeben eine explosive

37 Neben dem Königreich Sachsen bestand auch die preußische Provinz Sachsen. Sie entspricht dem heutigen Bundesland Sachsen-Anhalt (ohne Dessau) mit dem nördlichen Teil Thüringens.

Stimmung. Ständig kommt es zu Streiks, Demonstrationen und Zusammenstößen mit der Polizei. Öfter kommt es zu Anschläge und Diebstähle setzten Fabriken und landwirtschaftlichen Betrieben ernsthaft zu. Besonders beunruhigt sind die Behörden außerdem darüber, das seit den Kämpfen im Zusammenhang mit dem Kapp-Putsch immer noch viele Waffen im Umlauf sind. Die staatliche Autorität bleibt in Frage gestellt.

Auch im Parteienspektrum bilden sich diese Verhältnisse ab. Mit der Vereinigung des linken USPD-Flügels mit der KPD zur VKPD im Dezember 1920 treten allein im Bezirk Halle-Merseburg rund 60.000 USPD-Mitglieder zur VKPD über. Das sind fast so viele Mitglieder, wie der KPD reichsweit vor dieser Vereinigung angehörten.[38] Während die VKPD im sonstigen Deutschland eine politische Minderheit bildet, geht sie aus den Preußischen Landtagswahlen am 20. Februar 1921 im Regierungsbezirk Merseburg, als stärkste Partei hervor. Auf die VKPD entfallen 29,8 Prozent, das sind 197.113 Stimmen. Zum Vergleich, die USPD kommt auf 11,3 Prozent und für die SPD votieren lediglich 10,6 Prozent der Wählerschaft.[39] Auch die KAPD hat in Mitteldeutschland eine große Anhängerschaft, namentlich in den Leuna-Werken.

Dies zeigt sich, als Ende Januar 1921 Arbeiter des Werkes die Einführung der 48-Stunden-Woche, im Gegensatz zur damals üblichen 58-Stunden-Woche, verlangen. Es kommt zu Versammlungen und Streiks, die von einem Aktionsausschuss unter Franz Peter Utzelmann, Kampfname Kempin, und anderen KAPD-Mitgliedern organisiert werden.[40] Mit ihrem radikalen Aktivismus überflügelt die KAPD den von der VKPD dominierten Betriebsrat. Zur großen Überraschung erfüllt die Werksleitung die Forderung nach Arbeitszeitverkürzung binnen weniger

38 Knatz, Christian: *„Ein Heer im grünen Rock"?*, S. 27.

39 Schröder, Valentin: Weimarer Republik 1918 – 1933, Preußische Landtagswahlen, Wahlkreis Merseburg, in: *Wahlen in Deutschland*, 23.7.2015. https://www.wahlen-in-deutschland.de/wluMerseburg.htm

40 Der am 1. Mai 1896 geborene Franz Peter Utzelmann ist gelernter Tischler und tritt 1913 in die SPD ein. Zwei Jahre später erfolgt die Einberufung zur Kriegsmarine. Im November 1918 nimmt Utzelmann aktiv am Matrosenaufstand in Kiel teil, wenig später gehört er der Volksmarinedivision in Berlin an. Utzelmann ist Mitglied im Spartakusbund bzw. der KPD und an den Kämpfen während des Januaraufstandes 1919 in Berlin beteiligt. Im folgenden Jahr gehört der junge Linksradikale zu den Mitbegründern der KAPD, in der er eine führende Stellung einnimmt. Er geht als Redakteur nach Halle und wenig später gezielt ins Leuna-Werk, um den Aufbau von KAPD und AAU in Mitteldeutschland voranzutreiben.

Tage. Seitdem schwören viele junge Arbeiter im Leuna-Werk auf die KAPD.[41] Die Stimmung in den für die Arbeiterschaft errichteten Massenunterkünften in der Barackenstadt ist angespannt. Hier sind viele vom Arbeitsamt Zwangsverpflichtete untergebracht. Es handelt sich um junge Männer, zumeist ohne Ausbildung, die schlechter bezahlte Arbeiten verrichten müssen. Kein Wunder, dass die klassenkämpferische Agitation von VKPD und KAPD in den Baracken auf fruchtbaren Boden fällt und Kleinigkeiten schnell Anlass zum Aufruhr liefern. Als beispielsweise das Gerücht kursiert, in der Akademikerkantine würde besseres Essen ausgeteilt, bricht fast eine Revolte los. Aufgebrachte Arbeiter werfen Geschirr und Essen an die Wände ihrer Kantine oder dem Küchenpersonal ins Gesicht. Von der Unternehmensleitung werden die Wortführer in die Akademikerkantine eingelassen und müssen feststellen, dass hier das gleiche Essen, nur auf Porzellangeschirr, gereicht wird.[42]

Systematisch versuchen VKPD-Mitglieder die Unzufriedenheit zu schüren. Die Parole: „*LEUNA = Lohn Empfangen Und Nicht Arbeiten*“[43] geht von Mund zu Mund. Die Betriebsleitung steht dem gegenüber auf verlorenem Posten, ihre Maßnahmen werden stets als gegen das Proletariat gerichtet interpretiert. Wo das nicht hilft, wird geschickt provoziert. So kann, quasi als Gewohnheitsrecht, übriges Schnitt- und Bauholz als Feuerholz von Arbeitern aus dem Werk mitgenommen werden. Von VKPD-Aktivisten werden nun aber ganze Baugerüste über Nacht zerlegt. Als Reaktion untersagt die Betriebsleitung, in Abstimmung mit dem Betriebsrat[44], am 1. März 1921 die Mitnahme von jeglichen Abfallhölzern. Kontrollen an den Werkseingängen werden eingerichtet. Das führt bei vielen Arbeitern zu Unverständnis und Ärger ‚gegen die da Oben‘ und tätlichen Angriffen auf Pförtner und Werksschutz, welche die Kontrollen durchführen sollen. Der Werksschutz traut sich bald nicht mehr in Erscheinung zu treten. Daraufhin nehmen die Diebstähle die Form von Sabotage an. Einfach alles, was nicht niet- und nagelfest

41 LA Merseburg: *Archiv der Leuna-Werke*, A 1315; Niederschriften, S. 76, S. 283, S. 341.

42 LA Merseburg: *Bestand des Betriebsarchives Leuna*, Akte Nr. D 203: Blatt 58.

43 Ebenda, Akte Nr. D 203: Blatt 56ff.

44 Knatz: „*Ein Heer im grünen Rock*“?, S. 30.

Symbol für den Freistaat Preußen, im Sinne eines republikanischen Volksstaates, frei von Monarchie, war der preußische Adler ohne Krone, Zepter und Reichsapfel. Die Schupo hatte den Adler auf dem Koppelschloß, für Offiziere in runder Ausführung.

ist, verschwindet; Quecksilber aus Messgeräten, Kupferkabel und selbst Fensterscheiben.[45] Soziale Gründe werden dafür verantwortlich gemacht, tatsächlich steckt vor allem politisches Kalkül, bisweilen wohl auch kriminelle Energie, dahinter. Löhne werden nämlich pünktlich gezahlt, in den Leunawerken ist man um eine moderne Betriebsführung bemüht. Bis zum 9. März eskaliert die Situation so weit, dass die Betriebsleitung sich gezwungen sieht, beim Oberpräsidenten Otto Hörsing um staatliches Eingreifen zu bitten.

Dessen ungeachtet wollen VKPD und KAPD die Unternehmensleitung weiter unter Druck setzten. Die Kommunisten stellen die Forderung auf das Hilfskräfte, Angelernte oder Facharbeiter, unterschiedslos den gleichen Lohn erhalten sollen. Leistungslöhne sollen grundsätzlich abgeschaft werden und stattdessen eine pauschale Bezahlung erfolgen. Ein solches Ansinnen findet bei den ungelernten Hilfskräften ein großes Echo und handgreifliche Befürworter. Fachkräfte werden von radikalen Aktivisten bedroht, damit sie ihre Arbeitsleistungen vermindern.[46] Es setzt Prügel, wenn man sich nicht fügen will. Selbst Meister sind eingeschüchtert. Auch wenn sich der Einheitslohn nicht durchsetzen lässt, bleiben staatliche Ordnung und Gesetze in Frage gestellt.

45 LA Merseburg: *Bestand des Betriebsarchives Leuna*, Akte Nr. D 203: Blatt 61 ff.

46 Ebenda, Akte Nr. D 203: Blatt 60.

Aufgrund dieser Zustände gilt Mitteldeutschland, neben Berlin und dem Ruhrgebiet, nach den Vorstellungen einiger Regierungsbehörden und insbesondere der DVP (Deutsche Volkspartei) und DNVP (Deutschnationale Volkspartei) als Ausgangspunkt eines bevorstehenden kommunistischen Aufstands. Was einschlägige Kreise mit Zeitungsartikeln über eine angeblich illegal organisierte ‚Rote Armee' und andere Phantastereien zu dramatisieren versuchen.

Wenn Otto Hörsing und Carl Severing einer solchen Propaganda auch keinen Glauben schenken, so wollen sie doch gegen den linksradikalen Unruheherd in Mitteldeutschland einschreiten. Um ‚Recht und Gesetz' wieder die vollständige Geltung zu verschaffen, gedenkt Hörsing, einige hundert Polizisten in den Bezirken Eisleben und Mansfeld zu stationieren. Er trifft sich deshalb seit Anfang Februar 1921 zu Absprachen mit Bürgermeistern, Landräten und Industriellen. Hörsing möchte nur mit örtlichen Behörden und eigenen Polizeikräften agieren, während der Preußische Innenminister Severing größere Kontingente Schupo einsetzen will. Severing geht es dabei um einen Modellversuch. Nicht mit dem Militär, sondern mit der umstrukturierten preußischen Polizei soll ein neues Konzept der Aufstandsbekämpfung realisiert werden.

Carl Severing ist Ende März 1920, kurz nach dem Kapp-Putsch, zum Preußischen Innenminister aufgestiegen und damit einer der mächtigsten Männer der Weimarer Republik. Man spricht bald vom ‚System Severing', denn der Innenminister beginnt den gesamten Beamtenapparat personell umzugestalten. Wer antirepublikanische Positionen vertritt, verliert seinen Posten, das betrifft selbst Ministerialbeamte und Staatssekretäre. Neben der Verwaltung treffen diese Maßnahmen vor allem die Polizei. Severing ist der Auffassung, dass eine schlagkräftige Polizeitruppe viel effektiver gegen innere Unruhen agieren könne als das Militär. Unter Beweis stellen will er diese Auffassung mit der ‚Befriedung' des Mitteldeutschen Industriereviers. Bereits am 2. März 1921 beginnt die Planung für den Einsatz von zwei speziell ausgesuchten und ausgerüsteten Polizei-Hundertschaften.

Die Situation in Mitteldeutschland bildet aber nicht das zentrale Problem der Reichsregierung. Es gilt daneben Entwicklungen von erheblich größerer Tragweite zu bewältigen. Um Reparationszahlungen zu erzwingen, besetzen französische Truppen am 8. März 1921 Duisburg, Düsseldorf und Ruhrort; das Gebiet auf dem linken Rheinufer wird durch eine Zollgrenze für den ungehinderten Wirtschaftsverkehr mit dem Reich lahmgelegt. Dazu kommt eine von den Alliierten geforderte Volksabstimmung über den deutsch-polnischen Grenzverlauf in Oberschlesien. Diese ist notwendig geworden, nachdem es in dem Gebiet während des gesamten Jahres 1920 zu bewaffneten Konfrontationen zwischen Polen und Deutschen gekommen ist. Kurz vor dem Urnengang am 20. März 1921 betreibt die polnische Presse heftige antideutsche Agitation, was entscheidend dazu beiträgt, dass die Situation einen gefährlichen Charakter annimmt und jederzeit in einen bewaffneten Konflikt umzukippen droht.

Nicht zuletzt fordern Vorgänge in Bayern, dem, nach Preußen, zweitgrößtem Reichsland, die erhöhte Aufmerksamkeit der Reichsregierung. Im Zusammenhang mit dem Kapp-Putsch ist Gustav von Kahr, BVP (Bayrische Volkspartei), am 16. März 1920 Ministerpräsident geworden. Die Sozialdemokraten haben in diesem Zusammenhang ihre durch die Revolution von 1918 und den staatlichen Neubeginn errungene Machtposition in Bayern verloren. Von Kahr ruft die ‚Ordnungszelle Bayern' aus und will als Antithese zur Revolution von 1918/19 einen nationalen Wiederaufbau einleiten. Der Freistaat entwickelt sich zur politischen Speerspitze verfassungsfeindlicher, rechtsradikaler Tendenzen.

## Anschlag auf die Siegessäule

Überraschend erhält die KPD-Führung Anfang März 1921 Besuch von drei Abgesandten des EKKI. Wortführer der Delegation ist der gescheiterte ungarische Revolutionsführer Béla Kun. Dieser agitiert heftig für einen baldigen Aufstand in Deutschland. Beim linken Flügel der KPD trifft das auf Beifall, während Clara Zetkin von den haarsträubenden Vorträgen Kuns entsetzt ist. Auch andere Vertreter der ‚Levi-Fraktion' sehen keine Bedingungen für eine erfolgreiche Revolution in Deutschland gegeben und halten das Vorhaben für absurd. Allerdings agiert die EKKI-Delegation im Auftrag der Bolschewiki, deren Politik in Russland in eine schwere Krise geraten ist.

Im August 1920 erleidet die Rote Armee bei der Schlacht vor Warschau eine entscheidende Niederlage und muss im weiteren Verlauf des Krieges gegen Polen erhebliche Gebietsverluste hinnehmen. Die Ausbreitung der ‚Weltrevolution' nach Westen ist damit gestoppt, das wirkt sich auch innenpolitisch aus.

Aus dem Bürgerkrieg in Russland sind die Bolschewiki zwar siegreich hervorgegangen, doch das Land ist verwüstet, im Wolgagebiet zeichnet sich eine Hungerkatastrophe ab und Epidemien breiten sich aus. Auch Teile der Bevölkerung, die bislang auf der Seite der Revolution gestanden haben, beginnen gegen die Maßnahmen des Kriegskommunismus zu rebellieren. Es kommt zu Hungerunruhen und selbst die Matrosen von Kronstadt, die ‚Helden der Oktoberrevolution', verweigern den Gehorsam.

Um von den inneren Problemen abzulenken und den Glauben an die Weltrevolution aufrecht zu erhalten, brauchen die Bolschewiki ein revolutionäres Signal. Eine kommunistische Erhebung in Deutschland könnte, unabhängig von ihrem Erfolg, die Fortführung der Weltrevolution doku-

Max Hoelz (1889 – 1933), Anführer der bewaffneten Aufstände im Vogtland 1920 und in Mitteldeutschland 1921. Hoelz ist einer der populärsten Linksradikalen seiner Zeit. Politisch ist er nur sich selbst verpflichtet. Ab 1929 in der Sowjetunion, wird er dort 1933, sehr wahrscheinlich auf Geheiß Stalins, ertränkt. Erkennungsdienstliche Fotos.

mentieren. Die Betreiber einer solchen deutschen Revolutionsidee sind im Kleinen Büro des EKKI zu finden, zu denen Sinowjew, Bucharin und Radek gehören. Passend wird dazu eine ‚Offensivstrategie' entworfen, nach der eine kommunistische Partei immer zum Angriff verpflichtet ist; selbst wenn das zu einer absehbaren Niederlage führt.

In diese Phase fällt ein aufsehenerregender, wenn auch misslungener, Sprengstoffanschlag. Am Jahrestag des Kapp-Putsches wollen einige Verwegene mit sechs Kilogramm Dynamit ein revolutionäres Zeichen setzen und deponieren in der Nacht zum 13. März 1921 eine Bombe in der Siegessäule in Berlin. Doch der Plan misslingt, Besucher_Innen finden am nächsten Tag den nicht explodierten Sprengkörper.

Für die Ergreifung der Täter und Täterinnen wird ein Kopfgeld von 50.000 Reichsmark ausgesetzt. Weil die Sprengkapseln die Aufschrift ‚Anhaltinische Sprengwerke' tragen und der Sprengstoff in einem Exemplar der HETTSTEDTER ZEITUNG eingewickelt ist, werden die Ermittlungen auf die Provinz Sachsen ausgeweitet. Eine Woche nach dem Anschlag inhaftiert die Polizei insgesamt elf Verdächtige, die bald darauf die Tat gestehen. Einige der Festgenommenen sind Mitglieder der KAPD, und der Drahtzieher des missglückten Anschlages soll der militärische Leiter der KAPD für Mitteldeutschland, Wilhelm Hering, alias Ferry sein. Max Hoelz berichtet später, dass er Ferry vor dem Anschlag Geld zum Kauf von Sprengstoff besorgt habe. Als Gegenleistung baute Ferry für Hoelz einige Bomben und Handgranaten.[47] Ob es sich tatsächlich so abgespielt hat, bleibt zweifelhaft. Jedenfalls druckt der VORWÄRTS am 4. April 1921 die Liste der Inhaftierten ab, unter denen sich kein Ferry oder Hering findet. Dafür berichtet das Blatt am folgenden Tag, dass tatsächlich ein Mann, der sich Ferry nannte, die Aktion angeschoben haben soll. Nach einem Foto identifizieren die geständigen Attentäter Hoelz und Ferry als identische Person.

Wer auch immer dahinter steckt: der missratene Sprengstoffanschlag ist für den Einmarsch der Polizeihundertschaften sicher nicht ursächlich, eignet sich aber hervorragend, um den längst geplanten Polizeieinsatz als Schlag gegen die militanten Linksradikalen in Mitteldeutschland zu verkaufen.

In einem Erlass gibt Oberpräsident Otto Hörsing am 13. März 1921 bekannt: *„Zur Vornahme von Entwaffnungen, Waffendurchsuchungen und aus Gründen der Staatsautorität sind die Kreise Mansfelder Seekreis (Eisleben) und Mansfelder Gebirgskreis (Mansfeld) vorübergehend mit Schutzpolizei zu belegen".*[48] Im Zuge der Planung wird die Einsatzstärke erhöht. Statt den ursprünglich 200 Schupos sollen in Eisleben drei Hundertschaften und in Hettstedt zwei Hundertschaften stationiert werden. Der Deckname des Einsatzes lautet ‚Kohlesache'. Einen Tag später wird

47 Hoelz: *Vom ‚Weißen Kreuz' zur roten Fahne*, S. 138 ff.

48 Wortlaut des Ersuchens von Oberpräsidenten Hörsing am 2. März 1921, an die Regierungspräsidenten von Merseburg und Erfurt, je zwei Hundertschaften Schupo zur Verfügung zu stellen. Zit. in: Knatz: *„Ein Heer im grünen Rock"?*, S. 56.

eine zweite ‚Sonder-Aktion' unter dem Codenamen ‚Frühlingsreise' beschlossen und die Einheiten damit mehr als verdoppelt. Wann die Polizeiaktion anlaufen soll, wird nicht bekannt gegeben.

Daraufhin tritt am 16. und 17. März 1921 in Berlin die KPD-Zentrale zu einer Konferenz auf Führungsebene zusammen. Die neue Führungsriege unter Brandler will beweisen, dass sie zum Kampf bereit ist und schwenkt auf den Kurs der ‚Offensivstrategie' ein. Es wird beschlossen, die Partei in Alarmbereitschaft zu versetzen und bestehende Konflikte zu verschärfen. Bezüglich der konkreten Planung gibt die Konferenz allerdings keine Anhaltspunkte.

Viel Zeit für Diskussionen und Vorbereitungen bleibt nicht. Am Donnerstag, den 17. März, findet ein Treffen von Regierungsvertretern, Fabrikanten und Abordnungen aller relevanten politischen Parteien – mit Ausnahme von Kommunisten und Kommunistinnen – in Merseburg statt. Die Versammelten werden über Einzelheiten der geplanten Polizeiaktion informiert, die mit Beginn der Osterferien am Samstag, den 19. März, ausgelöst werden soll. Ein günstiger Zeitpunkt, da sich die Polizeihundertschaften problemlos in Schulgebäuden einquartierten lassen. Auch ist es die Woche vor Ostern. D.h. eine viertägige Schließung der Betriebe von Karfreitag bis Ostermontag steht bevor und wird einem Generalstreik den Wind aus den Segeln nehmen.

Ein KPD-Plakat von 1919. Die Arbeiterschaft als *Siegfried der Drachentöter* schlägt dem Monstrum Kapitalismus die Köpfe ab. Beim Kaiser und dem alten Militarismus hat es schon funktioniert. Der Kopf für den Faschismus fehlt noch.

## Kohlesache und Frühlingsreise

Am Morgen des 19. März 1921 herrscht sonniges, warmes Frühlingswetter. Überraschend und ohne auf Widerstand zu stoßen, marschieren fünf Polizeihundertschaften in Eisleben und Hettstedt ein. Jeder Polizist verfügt über einen Karabiner, dazu eine Pistole. Zudem ist jede Hundertschaft mit einem Maschinengewehr und vier Maschinenpistolen ausgerüstet. Neben Kraftfahrzeugen und Fahrrädern gibt es für die Kommunikation zwei Funkstationen. Der Leiter der Aktion ‚Kohlesache', Polizeimajor Folte, bezieht sein Hauptquartier in Eisleben.

Gleichzeitig rücken ebenfalls fünf Hundertschaften im Geiseltal unter dem Codenamen ‚Frühlingsreise' vor. Im Merseburger Schloss richtet sich Polizeimajor Fendel-Sartorius ein. Insgesamt sind es 1.067 Polizisten, die sich im Mansfelder und Teutschenthaler Gebiet sowie im Geiseltal einquartieren. Den Polizeikommandos ist Zurückhaltung befohlen und jeweils ein Zivilkommissar zur Seite gestellt, der als Kontaktperson zur örtlichen Bevölkerung fungieren soll.

Auf deeskalierende Maßnahmen wird aber nicht blind vertraut. Oberpräsident Hörsing ordnet an, dass am 19. März weitere 400 Schupos aus Berlin in Halle eintreffen. Darüber hinaus stehen Verstärkungen aus Düsseldorf auf dem großen Truppenübungsplatz Munster-Lager in der Lüneburger Heide bereit.

Unmittelbar mit dem Einmarsch der Polizei reagieren die Kommunist*innen. Am 18. und 19. März berät sich die Bezirksleitung der VKPD in Halle. Bezirksleiter Alfred Oelßner verkündet im Auftrag der Parteizentrale, *„die Aktion unverzüglich einzuleiten"*.[49] Unter dem schwam-

49 Bundesarchiv, Reichskom. f.d. Überwachung d. öffent. Ordnung u. Nachrichtensammelstelle im RM I, R1507/2052, Paul Bowitzky, Bericht vom 12. April 1921, Blatt 64.

Eine Schupo-Einheit bei der Rast während eines Geländemarsches.

migen Begriff ‚Aktion' versteht die Parteiführung eine Streikbewegung, während militante Aktivisten dies als Signal für den bewaffneten Aufstand interpretieren. Alfred Lemck, der verantwortliche Leiter der MP (Militär-Politik) und Paul Bowitzky, Vize-Chef des militärischen Apparates der VKPD in Mitteldeutschland, geraten in dieser Frage mit Oelßner aneinander: *„Lemck und Bowitzky nahmen für sich in Anspruch, daß sie die militärpolitische Organisation in ihren Händen hatten, und sie gingen ihren Weg, wie es ihnen persönlich einfiel[...]Es standen keine Massen hinter ihren Schritten. Sie waren unter sich einig, daß sie eben bewaffnete Aktionen durchführten, ohne das mit der Partei zu vereinbaren."*[50]

Ohne Rücksicht reagiert auch die KAPD. Karl Plättner eilt am 19. März von Leipzig nach Halle und mobilisiert die 3.200 Mitglieder der Partei im Bezirk.[51] Am Abend fordert er in einer Versammlung zum bewaffneten Aufstand auf. Anschließend wird eine Kampfleitung gewählt und unter Plättners Führung Kontakt mit der VKPD aufgenommen, um den gemein-

50 Zit. in: Knatz: *„Ein Heer im grünen Rock"?*, S. 87.

51 Ullrich: *Der ruhelose Rebell*, S. 88.

In den 1920er Jahre noch üblich: Bekanntmachungen mittels Trompetensignalen. Blechabzeichen der Roten Jungfront von 1928.

samen Kampf zu organisieren. Während die KAPD-Aktivisten sofort losschlagen wollen, will die VKPD-Führung erst organisatorische Vorbereitungen treffen. Die ROTE FAHNE erscheint derweilen mit dramatischen Schlagzeilen: *„Die Gegenrevolution schlägt los! Hörsing läßt seine Mordbanden marschieren!“*[52] Es ist geradezu die Hoffnung der Kommunistinnen und Kommunisten, dass die Schupo möglichst brutal vorgeht, um Widerstand zu provozieren. Es heißt, *„die Zeiten des Bluthundes Noske kehren wieder“*.[53] Daraus folgt der Appell: *„Die Waffen in die Hände der Arbeiter!“*[54] Wie diese Forderung konkret umgesetzt werden soll, bleibt allerdings offen.

An der Basis regt sich indes eigenständiger Widerstand. In der Nacht zum 20. März findet außerhalb Eislebens eine Beratung von VKPD-Funktionären und revolutionären Betriebsräten des Gewerkschaftskartells statt. Treibende Kraft dieser Zusammenkunft ist Josef Schneider, VKPD-Mitglied und Redakteur des Parteiblattes MANSFELDER VOLKS-ZEITUNG. Ohne Absprache mit der Bezirksleitung beschließen die Versammelten am Montag, dem 21. März, den Generalstreik für das Mansfelder Land zu proklamieren. Ein Aktionsausschuss mit Josef Schneider an der Spitze wird gebildet und in der MANSFELDER VOLKS-ZEITUNG findet sich am selben Tag ein flammender Streikaufruf. *„Mansfelder Arbeiter! Zeigt, daß ihr keine Sklaven seid, sondern benutzt eure Macht zur Abwehr dieses Anschlags. Hier*

52 *Die Rote Fahne*, 20. März 1921, Morgenausgabe, Zit. in: Stefan Weber: *Ein kommunistischer Putsch?*, Berlin 1991, S.85

53 Ebenda.

54 Ebenda.

*muss der Generalstreik einsetzen. Alle Räder müssen stillstehen. Kein Industrieller, kein landwirtschaftlicher Arbeiter darf eher einen Finger rühren, bis die Schutzpolizei völlig aus Mansfeld verschwunden ist".*[55]

Josef Schneider, Redakteur der MANSFELDER VOLKS-ZEITUNG und VKPD-Unterbezirks-Sekretär. Er soll Hoelz kontrollieren, stellt sich dann aber dem Rebellenführer als Adjutant begeistert zur Verfügung.

Zwar gelingt es der Polizei die Auflage von 4.200 Exemplaren zu beschlagnahmen, doch die Maßnahme erweist sich als wirkungslos. Bereits in der Nacht zum Montag werden die Bewohnerinnen und Bewohner in den Gemeinden um Eisleben durch Trompetensignale geweckt und der Streik per Ausruf bekannt gegeben.[56] Es gelingt, Protestdemonstrationen zu organisieren und die Belegschaft einiger Bergwerke in den Streik zu führen, wenn auch in den meisten Betrieben weitergearbeitet wird. In der Bestrebung, die Aktionen auszuweiten, wird erneut und radikaler zum Streik aufgerufen. Von entscheidender Bedeutung ist dabei, wie sich die Verhältnisse in den Leuna-Werken entwickeln, wo die Linksradikalen am 21. März eine Protestversammlung von 12.000 Arbeitern organisieren. Es wird ein Aktionsausschuss aus VKPD und KAPD gebildet. Dieser Ausschuss, in dem Ultraradikale um Kempin das Heft in der Hand halten, erklärt, *„laut der Gesamtbelegschaft die Führung der Arbeiterschaft"*[57] übernommen zu haben. Die Werksleitung lehnt aber die Anerkennung des Aktionsrates ab und teilt mit, dass sie nur im Betriebsrat, der von der VKPD bestimmt wird, einen Ansprechpartner sieht. So scheitert der Versuch der KAPD-Aktivisten, den Betriebsrat einfach auszuschalten. Es

55 Zit. in: Weber, Stefan: *Ein kommunistischer Putsch?*, S. 89 ff.

56 Gebhardt, Manfred: *Max Hoelz. Wege und Irrwege eines Revolutionärs*, Berlin 1989, S. 112.

57 Zit. in: Knatz: *„Ein Heer im grünen Rock"?*, S. 95.

**Schupo-Beamte!** Wohin gehört ihr? — Die reaktionären Offiziere, die euch in den Krieg jagten, hetzen euch jetzt gegen hungernde Frauen, Männer und Kinder. Fragt euch selbst, ob ihr nicht genau so hungert wie diese. Euer Platz ist in den Proletarischen Abwehrformationen und Kontrollausschüssen, die auch für euch ein besseres Leben erkämpfen.

Zu Beginn der Kämpfe versuchen Aufständische, Schutzpolizisten mit solchen Plakaten zum Überlaufen zu bewegen. Ein sinnloses Unterfangen. Original: 12,5 x 58,5 cm.

kommt zum Beschluss, in den Streik zu treten, wenn dieser von der VKPD in Halle proklamiert wird.

Inzwischen prescht die Kampfleitung der KAPD mit einem Flugblatt vor, in dem sie zum Generalstreik aufruft. Die Betriebe sollen besetzt sowie die Schupo entwaffnet und zum Abzug gezwungen werden, um am Ende *„die Diktatur des Proletariats“*[58] zu errichten.

Das widerspricht der Abmachung zwischen Vertretern von KAPD und der Bezirksleitung der VKPD, noch mit der Proklamation des Generalstreiks zu warten. Auf getroffene Absprachen mit der KAPD ist offensichtlich kein Verlass. Alfred Oelßner, Parteisekretär der VKPD für Halle-Merseburg, gibt die Losung aus, sich zukünftig nicht mehr allzu sehr auf die Schwesterpartei einzulassen.

Während noch Unklarheit darüber besteht, wann der Generalstreik ausgerufen wird, schaffen militante Aktivisten Fakten. Am 21. März wird in Halle, in der Reilstraße 84, eine kommunistische Nachrichtenzentrale eingerichtet. Nicht weit entfernt, in der Körnerstraße 32, befindet sich die ‚militärische Oberleitung‘ der Bezirks-VKPD.

In Leipzig bemüht sich eine ‚Oberkampfleitung‘ um das einheitliche Vorgehen aller Parteiorganisationen. Die Berliner Zentrale der KAPD schickt Fritz Rasch und Franz Jung, um Gespräche mit der Bezirksleitung der VKPD aufzunehmen – aber all das hat wenig Effekt. Auf das, was sich im mitteldeutschen Revier abspielt, übt die Kampfleitung in Halle keinen nennenswerten Einfluss aus, die Leipziger ‚Oberleitung‘ spielt überhaupt keine Rolle.

Zudem fehlt es der Entwicklung an Dynamik. Obwohl der Einmarsch der Polizei abgeschlossen ist, kann von einer Empörung der Arbeiterschaft keine Rede sein. Das liegt nicht zuletzt am defensiven Vorgehen

58 Knatz: *„Ein Heer im grünen Rock“?*, S. 85.

der Polizeihundertschaften die, getreu der Order sich zurückzuhalten, lediglich ihre Quartiere beziehen und ansonsten kaum in Erscheinung treten. Nicht ein Betrieb wird von der Polizei besetzt.

Damit werden die Parolen der ROTEN FAHNE, die erneut die Zeiten des Bluthunds Noske heraufbeschwören, Lügen gestraft. Statt mit dem Vorgehen brutaler Freikorps ist man mit einer modernen Polizeitaktik konfrontiert, welche die zu erwartende Gegenreaktion der kommunistischen Bewegung von vornherein einkalkuliert und ins Leere laufen lässt.

Die VKPD will es dabei nicht bewenden lassen und schickt, um die ‚Aktion' voranzutreiben, ihren Sabotagefachmann Hugo Eberlein nach Mitteldeutschland. In Parteikreisen nennt man ihn auch ‚Hugo mit der Zündschnur', und es sind abenteuerliche Ideen, mit denen Eberlein aufwartet. Um die Stimmung anzuheizen, will er die Entführung von kommunistischen Funktionären vortäuschen, die Konsumgenossenschaft in Halle sprengen und einen Munitionszug der Polizei in die Luft jagen. Keiner dieser Pläne kann realisiert werden, da der M-APPARAT in der Region nach Eberleins Auskunft völlig versagt und nicht einmal in der Lage ist, eine funktionierende Lunte zu besorgen.[59]

Als wichtigste Grundlage für die ‚Aktion' sieht die VKPD-Parteiführung ohnehin einen großflächigen Streik an und konzentriert sich darauf, diesen zu entfachen. Tatsächlich gelingt es den Kommunist*innen, ab dem 22. März im Mansfelder Land, dem Teutschenthaler Revier und in Eisleben einen flächendeckenden Ausstand zu inszenieren. Das ist beachtlich und trägt zur Zuspitzung der Krise bei – bleibt aber ein regionales Ereignis. Denn über die unmittelbar vom Polizeieinsatz betroffenen Regionen hinaus bilden sich nur einige Inseln des Widerstands. In den umliegenden Großstädten Leipzig, Halle und Erfurt findet der Streikaufruf so gut wie keinen Widerhall. Um die Streikbewegung einzudämmen, stellen sich SPD, ADGB und USPD auf die Seite von Otto Hörsing. Die Organisationen bilden am 22. März in Halle eine gemeinsame Kommis-

59 Nach Paul Bowitzky echauffiert sich Eberlein: „*Es wäre unerhört, dass noch nicht einmal ein anständiges Stück Zündschnur vorhanden wäre, mit dem zuverlässig ein solcher Auftrag durchgeführt werden könne. Gemeint war damit der Anschlag auf das Genossenschaftsgebäude der Prod. Gen., weil dort die Zündung versagt hatte.*" Bundesarchiv, Reichskom. f.d. Überwachung d. öffent. Ordnung u. Nachrichtensammelstelle im RM I, R1507/2052, Bericht vom 12. April 1921, Blatt 67.

Mit der Schupo steht dem Preußische Innenminister Carl Severing (SPD) eine militärisch ausgebildete, schlagkräftige Polizeitruppe zur Verfügung.

sion und überschütten die Bevölkerung mit Flugblättern, in denen sie die Arbeiterschaft beschwören, sich nicht am Streik zu beteiligen.

Unterm Strich scheint die Kalkulation Otto Hörsings aufzugehen. Mit Arbeitsniederlegungen war zu rechnen, genauso wie das Abklingen der kommunistischen Mobilisierung über die Osterfeiertage abzusehen ist. Sicher kann das militante Potenzial noch für einigen Ärger sorgen, doch das würde der Polizeiaktion eher entgegenkommen. Hörsing glaubt, dass sein Plan aufgeht – ein Irrtum.

# Max Hoelz

Zischend hält die Lokomotive des Spätzuges aus Berlin im Bahnhof Kloster-Mansfeld. Es ist die Nacht zum 22. März 1921, die alte Maschine muss Wasser tanken. Eine günstige Gelegenheit für sechs Männer, ihr Abteil zu verlassen und unbemerkt zu verschwinden. Die Gruppe hat ein klares Ziel: Sie will einen bewaffneten Aufstand initiieren, einen Bürgerkrieg, Klasse gegen Klasse! Ihr Anführer ist der steckbrieflich gesuchte Max Hoelz.

Der militante Aktivist hat im BERLINER ABENDBLATT vom Streik und der gespannten Atmosphäre im Regierungsbezirk Merseburg gelesen und eilt aus eigenem Antrieb ins Krisengebiet. Aus der KPD ist Hoelz seit August 1920 ausgeschlossen. Infolge seines eigenmächtigen Handelns während der Abwehraktionen gegen den Kapp-Putsch im Vogtland, war er mit Heinrich Brandler aneinandergeraten. Brandler veranlasste den Parteiausschluss. Nach Flucht und viermonatiger Haftzeit in der Tschechoslowakei ging Hoelz über Wien ins Deutsche Reich zurück, wo er – vorwiegend in Berlin – im Untergrund lebte. In dieser Zeit näherte sich der revolutionäre Haudegen der KAPD an.

Parteidisziplin widerspricht dem Naturell des Revolutionärs. Wo Hoelz auftaucht, bestimmt er egomanisch das Geschehen und duldet keinen Widerspruch. Hoelz ist kein Intellektueller, bezeichnet sich als ‚Gefühlskommunist' und stellt seinen antikapitalistischen Kampf mittels Sprengung von Villen und öffentlichen Gebäuden, Geiselnahmen und Raubzügen praktisch unter Beweis.

Hoelz gilt als charismatische Erscheinung und Redner, der die Sprache der Arbeiterschaft spricht. Er steht für die bewaffnete Aktion und kann Menschen mitreißen.

Genau diese unmissverständliche Klarheit fehlt bislang der ‚Aktion' in Mitteldeutschland. Die VKPD laviert zwischen Streik und Sabotageaktionen, will die Polizei aus der Reserve locken, verliert sich aber in allgemeinen revolutionären Appellen und widersprüchlichen Aufrufen. Es braucht jemanden, der es anpackt, und das ist Max Hoelz.

Über Hettstedt und Mansfeld, wo Hoelz bereits versucht zu agitieren, erreicht er mit seinen fünf Begleitern am 22. März Eisleben. Dort ist um 17 Uhr vom Aktionsausschuss eine große Versammlung im Volkshaus am Markt angekündigt. Mehrere Tausend Menschen kommen zusammen und noch bevor die Mitglieder des Aktionsausschusses erscheinen, übernimmt Hoelz die Regie. Seine Worte sind von kompromissloser Radikalität was einige Zuhörer*innen auch abstößt. Nicht gerade begeistert von diesem Auftritt zeigt sich der VKPD-Funktionär Klanzer, der berichtet, Hoelz hätte davon gesprochen, *„er kenne Genossen, die bereits seit Ausbruch der Revolution noch nicht gearbeitet haben und die besser lebten als diejenigen, die da arbeiten. Wenn sie etwas bedürfen, sollten sie es denen wieder entreißen, die es ihnen zuvor gestohlen hätten. Die besitzende Klasse müsse abgeschlachtet werden, und wenn sich ihm 50 beherzte zur Verfügung stellen würden, so würde er mit diesen die Schupo vertreiben, daß sie in Unterhosen davonliefen. Und so ging das ganze konfuse Zeug vielleicht ½ Stunde fort."*[60] Zum Abschluss verkündet der Freischärler, dass er den Streik notfalls mit Gewalt durchsetzen und sämtliche Betriebe lahmlegen wird.

Um Zweifel zu zerstreuen, erklärt Hoelz dem überrumpelten Aktionsausschuss, er sei von der Zentralleitung der Partei geschickt worden, um das Oberkommando zu übernehmen. Einen derartigen Auftrag gibt es zwar weder von der Zentrale der KAPD noch der Führung der VKPD – aber wer weiß das schon?

Dann übergibt Hoelz das Wort an seinen ‚Kriegsreferenten' und den ‚militärischen Leiter', die er aus Berlin mitgebracht hat. Es folgt der Aufruf, eine militärische Einheit zu formieren. Auf ein solches Signal haben viele Anwesende gewartet. Vor allem aus Angehörigen des militärischen Apparates der VKPD rekrutiert sich spontan eine Truppe. Viele Freiwillige sind Kriegsveteranen, können mit Waffen umgehen. Gewehre und

60 Zit. in: Knatz: *„Ein Heer im grünen Rock"?*, S. 102.

Kommunist Hölz *„Gottverdimmich! Im ganzen Marx find' ich geen' Fingerzeig, wie m'r Geldschrank knacken!"* Karikatur von Th. Th. Heine, Simplicissimus, 27. April 1921.

einige Maschinengewehre werden aus Verstecken geholt, die in der Zeit des Kapp-Putsches angelegt worden sind. Die ca. 150 Mann werden in Kompanien und Gruppen eingeteilt, darunter eine Abteilung für Logistik, ein Kurierdienst mit Fahrrädern und Sprengtrupps.

Während dessen tritt der Aktionsausschuss erst einmal zu einer Beratung zusammen. Dann meldet sich auch der VKPD-Unterbezirks-Sekretär und Redakteur der Mansfelder Volks-Zeitung, Josef Schneider, zur Rebellen-Truppe. Er, wie einige andere Mitglieder des Aktionsausschusses befürchten, dass Hoelz im Mansfelder Land Sabotageaktionen durch-

Sabotage während der ‚Märzkämpfe' 1921. Ein von Aufständischen zur Entgleisung gebrachter Eisenbahnzug.

führen wird. Um das zu verhindern, soll Schneider den Rebellenführer, als Vertreter der kommunistischen Presse, begleiten und ihm nicht von der Seite weichen.[61]

Davon, dass Schneider versucht in die eigenmächtigen Kampfmethoden einzugreifen, ist allerdings nichts zu spüren. Stattdessen läuft er zu Hoelz über und stellt sich ihm als Adjutant zur Verfügung. Fortan ist Schneider zuständig für Pressearbeit, Verpflegung der Truppe und Verwaltung der beschlagnahmten Gelder. Dazu schreibt Hoelz *„Die größten Banknoten, Tausendmarkscheine, wurden besonders aufbewahrt und gegen Quittung den Kurieren ausgehändigt, die die Kommunistische Arbeiterpartei schickte. Von dieser Seite wurde fast täglich Geld für die Herstellung von Zeitungen und Flugblättern verlangt."*[62] Die meisten Finanzmittel braucht der Revolutionär aber für seine Unternehmung selbst. Fünfzig Mark Löhnung und freie Kost[63] wird jedem versprochen, der sich der Hoelz-Truppe anschließt. Diese Mittel gedenkt man von ‚den Reichen' zu holen.

61 Weber, Stefan: *Ein kommunistischer Putsch?*, S. 102.

62 Hoelz: *Vom ‚Weißen Kreuz' zur roten Fahne*, S. 149.

63 *ebenda*, S. 149 und S. 162.

Die Besoldung sorgt für regen Zulauf und Hoelz kann seine Truppe während des gesamten Aufstandes nicht nur zusammenhalten, sondern auch ständig vergrößern. Dies geschieht auf Kosten anderer Gruppen, die sich ganz oder zu erheblichen Teilen Hoelz anschließen. Wenn auch das Gebaren, ständig Geld zu requirieren, von vielen Linksradikalen kritisiert wird. *„Unsere Politik, die Sipo anzugreifen, hätte den Sieg verbürgt, wenn Hoelz nicht immer versucht hätte, dort Banken zu berauben, wo keine Sipo war“*,[64] schreibt Friedrich Merker, ein MP-Leiter der VKPD nach dem Aufstand.

Ganz anders gehen in dieser Frage Anarcho-Syndikalisten vor, die vorgefundenes Geld in der Regel verbrennen.[65]

Solch lebensfernen Praktiken würden Hoelz nicht im Traum einfallen. Mit seiner Truppe rückt er nach Wimmelburg ab, wo er sein erstes Hauptquartier einrichtet. Gerade als die Freischärler abgezogen sind und sich die Menge auf dem Marktplatz von Eisleben zu zerstreuen beginnt, kommen zufällig vier Schupos des Weges, die Einkäufe erledigen. Sofort gehen einige Hoelz-Anhänger*innen auf die Polizisten los und entwaffnen sie, drei Schupos werden gefangen genommen, einem gelingt die Flucht. Unverzüglich gibt Polizeimajor Folte Befehl, die drei Verschleppten zu befreien und die Straßen zu räumen. In der Folge kommt es zu Handgreiflichkeiten zwischen Schupo und aufgebrachter Menge, zwei mutmaßlich Beteiligte werden verhaftet.

Das ruft Hoelz auf den Plan, der mit seinen Leuten in der Nacht zum 23. März diese Gefangenen aus ihren Zellen holen und die Schupo aus Eisleben vertreiben will. Um 2:10 Uhr morgens beginnt eine wilde Beschießung der Polizeiunterkünfte im Lehrerseminar und dem Städtischen Krankenhaus, während Polizeimajor Folte Verstärkung anfordert und befiehlt, Munition zu sparen. Es entsteht eine Patt-Situation, die Polizei

64 Bundesarchiv, Reichskom. f.d. Überwachung d. öffent. Ordnung u. Nachrichtensammelstelle im RM I, R1507/2052, Bericht Friedrich Merker, Blatt 71.

65 Bundesarchiv, R 15.01, St. 19/38, Bd. I, Blatt 242 ff. Seit Dezember 1919 gibt es die FAU-D/S, *Freie Arbeiterunion Deutschland/Syndikalisten*. Die Berliner Geschäftskommission der FAUD/S lehnt eine Beteiligung an den Aktionen in Mitteldeutschland von vornherein ab, da ihr weder Parteien noch der bewaffnete Kampf als geeignete Mittel erscheinen, die soziale Revolution zu erreichen. Ein Teil der, nicht besonders zahlreichen, FAUD/S Mitglieder in Mitteldeutschland, kümmern sich nicht um diese Ansichten und nimmt die Waffe in die Hand. Nach der Niederschlagung des Aufstandes werden VKPD und KAPD von der FAUD/S als *„Schrittmacher der Reaktion“* bezeichnet. Hans Manfred Bock, *Syndikalismus und Linkskommunismus von 1918 – 1923*, S. 307.

schießt nur vereinzelt zurück, kann aber auch nicht aus ihren Quartieren vertrieben werden. Es gibt weder Tote noch Verwundete. Doch das soll sich schnell ändern.

In der Nähe von Eisleben, am OTTO-SCHACHT, stehen unbewacht elf Last- und mehrere Personenwagen. Generaldirektor Max Heinhold wendet sich mit diesem Hinweis kurz nach 8 Uhr an die Schupo. Sogleich veranlasst Major Folte, dass eine Polizeistreife von 20 Mann auf einem Lastwagen zum Betriebsgelände fährt, damit die Fahrzeuge den Aufrührern nicht in die Hände fallen.

Doch in dem von Halden umgebenden Gelände am Werkseingang haben sich bereits Aufständische mit Maschinengewehren postiert. Als die Schupos am OTTO-SCHACHT ankommen, sind sie umstellt. Mit den Fahrzeugen wegzufahren, würde im Kugelhagel enden. Dem Polizeitrupp bleibt eigentlich nur, sich zu ergeben – aber daran denken die Schupos nicht. Stattdessen entwickelt sich ein Feuergefecht.

Der Plan ist durchkreuzt, die Falle schnappt nicht zu. Schlimmer noch, die Schupos beginnen den Fuhrpark unbrauchbar zu machen und einem Polizisten gelingt es, sich abzusetzen und Verstärkung heranzuholen. Als sie eintrifft, zeigt sich, dass sich in der Hoelz-Truppe erfahrenen Militärs befinden. Das deckungsarme Gelände gibt den Schupos keine Möglichkeit wirkungsvoll gegen die gut positionierten Maschinengewehrnester vorzugehen. Nachdem vier Polizisten gefallen, fünf verwundet und die Freischärler vier Gefangene gemacht haben, zieht sich die Polizei zurück. Die vier Gefangenen schickt Hoelz umgehend mit einem Ultimatum zum Abzug aller Hundertschaften zu Major Folte zurück.

So beginnt Hoelz eigenmächtig einen bewaffneten Aufstand. Zu diesem Zeitpunkt steht das sogar im Widerspruch zur VKPD, die erst den Generalstreik ausweiten will, bevor sie die bewaffnete Aktion auslöst. Sich selbst sieht die kommunistische Partei als Vorhut der revolutionären Bewegung.

In diesem Sinne ist sie dabei die ‚Aktion' in Mitteldeutschland reichsweit zu propagieren. Am 22. März findet in Berlin eine große Solidaritätsdemonstration statt. Parteiredner fordern dazu auf sich bereitzuhalten, um den Arbeitern in Mitteldeutschland zur Hilfe zu eilen. Doch die Menge bleibt auffallend passiv.

IV. Jahrg. / Nr. 139 / 30 Pfg. Morgen-Ausgabe Donnerstag, den 24. März 1921

# Die Rote Fahne

Zentralorgan der Vereinigten Kommunistischen Partei Deutschlands (Sektion der Kommunistischen Internationale)

Begründet von Karl Liebknecht und Rosa Luxemburg

## Der weiße Schrecken ist da!

24 Tote, 31 Verletzte — Belagerungszustand über Hamburg — Das Leunawerk stillgelegt

Straßenkämpfe in Eisleben

(Privattelegramm der „Roten Fahne")

Im Zusammenhang mit dem Mitteldeutschen Aufstand im März 1921 versuchen KPD und KAPD auch in Hamburg Streiks und militanten Demonstrationen zum Aufstand zu steigern. In der Folge wird über die Hansestadt der Ausnahmezustand verhängt.

Anders zündet die VKPD-Agitation in Hamburg. Ein leidenschaftlicher Bericht im örtlichen Parteiorgan HAMBURGER VOLKSZEITUNG über die Ereignisse in Mitteldeutschland endet mit dem Aufruf zu einer Demonstration am 23. März auf dem Heiligengeistfeld. Es kommt zu schweren Zusammenstößen mit der Polizei, die Schusswaffen einsetzt. Die Straßenkämpfe nehmen ein solches Ausmaß an, dass der Senat gegen 16 Uhr den Ausnahmezustand verhängt. Meldungen berichten von 20 Todesopfern.[66]

66 Angress, Werner T.: *Die Kampfzeit der KPD 1921 - 1923*. S. 191 ff.

## Requirieren, Geiseln nehmen, sprengen

Am Mittwoch, dem 23. März 1921, verlegt Hoelz sein Hauptquartier nach Helbra zwischen Hettstedt und Eisleben. Zuerst rauben die Aufständischen die dortige Kreissparkasse aus und besetzen die örtliche Zeitung, die Flugblätter für Hoelz drucken muss.[67]

In Helbra und Umgebung werden zudem neue Kämpfer rekrutiert und der Rebellenführer lässt Kommandos ausschwärmen, um Lebensmittel zu beschlagnahmen.

*„Eine Kardinalfrage für die Durchführung militärischer Aktionen ist die Verpflegung der kämpfenden Truppe. Während der Kapp-Tage im Vogtland hatte ich die Erfahrung gemacht, daß Kampfhandlungen, die sich über ein lokales Gebiet erstrecken, nur durchführbar sind, wenn für die leiblichen Bedürfnisse der Kämpfer gesorgt wird,"*[68] begründet Hoelz diese Enteignungsaktionen.

*„Wir sind gezwungen, uns das notwendige Geld dort zu holen, wo es in Haufen aufgeschichtet liegt. Solange wir aber noch kein Geld haben, müssen wir die notwendigen Dinge, Lebensmittel, Kleider usw. ohne Bezahlung requirieren."*[69]

Hoelz gibt in solchen Fällen von ihm unterzeichnete ‚Requisitionsscheine' aus. Was zu der regionalen Redewendung ‚Der Hoelz bezahlt's' als Umschreibung für nicht beglichene Rechnungen führt. Als Räuber sieht sich der Rebellenführer jedoch nicht und ist sehr auf Disziplin bedacht. Plünderer droht er zu erschießen.

67 Knatz: *„Ein Heer im grünen Rock"?*, S. 108.

68 Hoelz: *Vom ‚Weißen Kreuz' zur roten Fahne*. S. 149.

69 Zit. in: Knatz: *„Ein Heer im grünen Rock"?*, S. 109.

Eine erste, größere Requirierung findet am frühen Morgen des 23. März 1921 statt. Sechzig bewaffnete Freischärler tauchen mit geklauten Fahrzeugen in Mansfeld auf, überfallen das Landratsamt, mehrere Banken und die Post. Die Akteure weisen sich als Beauftragte eines ‚Aktionsausschuss Hoelz' aus.[70]

Der Ausbruch der Kämpfe führt zu einer erheblichen Ausbreitung der Streiks im Mansfelder Industrierevier. Oft treten Belegschaften aus Solidarität in den Ausstand, wenn nicht sorgen bewaffnete Trupps für die Arbeitseinstellung. Das geschieht indem Streikbrechern mit der Erschießung gedroht wird oder kurzerhand durch Sprengung der Schacht-Anlagen.

Parallel versucht die VKPD der Streikbewegung weiteren Schwung zu verleihen. So wird Paul Bowitzky von der Bezirksleitung in die Leuna-Werke geschickt. *„Am Mittwochmorgen[...]hatte ich den Auftrag erhalten, das Leunawerk unter allen Umständen in den Generalstreik hineinzubringen. Diesen Auftrag habe ich durchgeführt. Am Mittwoch, dem 23. März mittags 2 Uhr wurde der Eintritt in den Generalstreik von der Belegschaft einstimmig beschlossen. Am Donnerstag morgen, dem 24., sollte der Generalstreik für ganz Mitteldeutschland proklamiert werden ...“*[71]

Die Rechnung der VKPD geht jedoch nicht ganz auf. Zwar spielt der sozialdemokratische Betriebsrat keine Rolle mehr und die Vertreter der VKPD sind in der Mehrheit und in der Lage den Streik auszulösen. Der neu gewählte Aktionsausschuss wird aber sofort von Franz Peter Utzelmann und den KAPD-Aktivisten dominiert,

Während in den Leuna-Werken die Linksradikalen das Zepter übernehmen, bleibt am 23. März Eisleben das Zentrum des Geschehens. In der Stadt erscheint keine Zeitung mehr und der Zugverkehr ist weitgehend lahmgelegt. Erneut belegt Hoelz am Nachmittag die Polizeiunterkünfte mit einem heftigen wie wirkungslosen MG- und Gewehrfeuer. Schließlich stellt der Rebellenführer ein Ultimatum. Wenn die Polizeihundertschaften nicht abziehen, will Hoelz den Ort anzuzünden. Diese vollmundige Drohung nimmt die Polizeiführung nicht ernst. Hoelz

70 Zit. in: Knatz: *„Ein Heer im grünen Rock“?*, S. 109.

71 Bundesarchiv, Reichskom. f.d. Überwachung d. öffent. Ordnung u. Nachrichtensammelstelle im RM I, R 1507/2052, Blatt 68.

handelt: „*Um meiner Androhung den Nachdruck der Tat zu geben, legte ich pünktlich nach Ablauf der gestellten Frist eigenhändig Feuer an ein Gebäude. Dann begab ich mich mit acht Mann in das Stadtinnere und zertrümmerte eine Anzahl großer Fensterscheiben, damit die entsetzten Spießer und ihr Bürgermeister von der Sipo energisch Schutz verlangten. [...]Nach menschlicher Berechnung hätte die für Ruhe und Ordnung sorgende Sipo nun eingreifen müssen, ...*“[72], doch die reagiert nicht. Wenig später sprengen die Aufständischen die örtliche Polizeiwache, aber auch damit lässt sich Polizeimajor Folte nicht aus der Reserve locken. In der Nacht setzt erneut der Beschuss der Polizeiunterkünfte durch die Hoelz-Truppe ein, einige Kämpfer können sich bis auf 50 Meter an die Gebäude heranarbeiten. Dann müssen sie die Sinnlosigkeit ihres Unternehmens einsehen. Wenn überhaupt, wären die Unterkünfte der Polizei nur unter hohen Verlusten einzunehmen. Am frühen Morgen zieht sich die Hoelz-Truppe zurück.

Erich Kirchner, ein Berliner Polizeihauptmann, führt in dieser Nacht drei aus Teutschenthal abgezogene Hundertschaften als Entsatztruppe in Richtung Eisleben. Als der Abmarsch bekannt wird, trommelt das VKPD-Mitglied Max Heinl eine Gruppe von ungefähr 60 Bewaffneten aus Teutschenthal und den umliegenden Ortschaften zusammen. Das Überraschungsmoment und die Dunkelheit auf ihrer Seite, wollen diese sechzig den drei Polizeihundertschaften den Weg verlegen. Am späten Abend kommt es zwischen Stedten und Erdeborn zu einem mehrstündigen Gefecht. Geschlagen werden kann die Abteilung Kirchner zwar nicht, aber in einer gewaltigen Explosion fliegt der Munitionswagen in die Luft, den Folte angefordert hatte. Drei Schupos werden verwundet eine unbekannte Zahl von Aufständischen verliert ihr Leben. Etwas später schließt sich die Gruppe um Max Heinl der Hoelz-Truppe an, die damit auf ca. 400 Mann anwächst.[73]

Parallel zur Abteilung Kirchner sind zwei Magdeburger Schupo-Hundertschaften aus Richtung Halle nach Eisleben auf den Weg geschickt worden. Am frühen Morgen vereinen sich die Polizei-Einheiten bei Lüttchendorf, fünf Kilometer südöstlich von Eisleben. Das Kommando

72 Hoelz: *Vom ‚Weißen Kreuz‘ zur roten Fahne*, S. 151.

73 SAPMO Berlin, SgY 30/EA 365, Bericht Max Heinls.

führt Hauptmann Kirchner. Als die Nachricht eintrifft, dass sich im Dorf Helfta auf halben Weg nach Eisleben eine große Gruppe Aufständischer befindet, entscheidet sich der Polizeihauptmann diese aufzurollen.

Um 9:30 Uhr beginnt ein in drei Wellen gestaffelter infanteristischer Frontalangriff. Gut verschanzt weichen die Aufständischen in Helfta nicht zurück und liefern einen erbitterten Kampf. Mindestens elf Freischärler und vier Schupos fallen in diesem Gefecht.[74]

Von Hoelz-Truppe in die Luft gejagt, die Redaktion des *Hettstedter Tageblattes*.

Erst gegen 14 Uhr gelangen die Polizeihundertschaften nach Eisleben. Major Folte verfügt nun über acht Hundertschaften, mit denen er die Kontrolle der Stadt übernimmt. Am gleichen Tag wird auch die Polizeibesatzung in Hettstedt verstärkt. Polizeimajor Ernst Lampe hat hier nun über vier Hundertschaften das Kommando. Bereits am Vormittag des 24. März gelingt es der 5. Hundertschaft Halle, das vermeintliche Hauptquartier der Aufständischen im Lokal Feldschlösschen auszuheben. Viel Effekt hat das nicht, denn gegen 20:45 Uhr rückt die Hoelz-Truppe von Helbra aus in Hettstedt ein. Laut Hoelz, um einem Angriff auf sein Hauptquartier zuvorzukommen. Bei dem folgenden Gefecht mit der Schupo lässt der Rebellenführer mehrere Gebäude sprengen, darunter den Bahnhof und das Hettstedter Tageblatt. Die Polizei ist gezwungen, sich in ihren Unterkünften zu verbarrikadieren.[75]

Das Sprengen von Gebäuden ist eine Spezialität von Hoelz. Gleich zentnerweise hat er das dazu notwendige Dynamit in einer Sprengmittelfabrik in Leimbach bei Mansfeld erbeutet. Diese neue Art von

74 Knatz: *„Ein Heer im grünen Rock“?*, S. 115.

75 Hoelz: *Vom ‚Weißen Kreuz‘ zur roten Fahne*, S. 157 ff.

Das von Hoelz gesprengte Gebäude der *Commerzbank* in Hettstedt.

angeblich revolutionärer Kriegsführung stößt bei vielen Linksradikalen auf Unverständnis und Kritik. Hoelz verteidigt die Zerstörungen als taktisch Maßnahme. *„Die Sprengung eines Gebäudes verursacht eine große Staubwolke, die sich oft eine halbe Stunde und noch länger in der Luft hält. Unter dem Schutze einer solchen riesigen Staubwolke war es für uns viel leichter, im Straßenkampf vorzugehen, da der Gegner nichts sehen konnte und daher kein gutes Zielobjekt hatte. Durch diese Sprengungen rettete ich vielen Arbeitern das Leben ...* “[76], will er der Leserschaft seines Buches ‚*Vom weißen Kreuz zur roten Fahne*‘ weismachen. Besiegen kann Hoelz die Polizei mit dieser Methode jedenfalls weder in Hettstedt noch in Eisleben. Vielleicht liegt es im Fall Hettstedt an der Dunkelheit, in der auch Staubwolken schlechter zu sehen sind. In den Nachtstunden zieht sich Hoelz jedenfalls zurück.

Seinen Abzug in Richtung Helbra sichert der Freischärler mit geschickt in der Stadt verteilten Schützennestern. Als Schupo-Einheiten bei Tagesanbruch versuchen nachzustoßen wird das durch gezieltes Feuer vereitelt. Eine wirkungsvolle Taktik, die auf Erfahrungen aus dem Weltkrieg zurückgehen, und die Hoelz öfter anwendet. Nicht umsonst bezeichnet man den Rebellenführer auch als ‚roten Freikorpsführer‘.

76 Hoelz: *Vom ‚Weißen Kreuz‘ zur roten Fahne*, S. 158 ff.

## Agieren statt Reagieren

Ausgerüstet mit requirierten Fahrzeugen ist die Hoelz-Truppe überaus mobil und den Polizeieinheiten an Beweglichkeit überlegen. Überhaupt basiert der Erfolg des Rebellenführers darauf, dass er offensiv vorgeht, Agieren statt Reagieren lautet die Devise und *„[...]unter keinen Umständen länger als höchstens vierundzwanzig Stunden an einem Ort verweilen."*[77] Dieser Maxime folgend, gibt Hoelz nach seiner Rückkehr aus Hettstedt das Hauptquartier in Helbra auf. Bevor er das Dorf am Nachmittag endgültig verlässt, werden Amt und Rittergut gründlich demoliert.[78] Außerdem nimmt Hoelz vier Geiseln, Geiselnahme ist ein von ihm favorisiertes Mittel zur Geldbeschaffung.

Insgesamt lässt Hoelz in den nächsten Tagen an die 30 Menschen, zumeist Männer, verschleppen, die im Tross mitgeführt werden. In der Regel handelt es sich um Geistliche, Gutsverwalter, Amtsträger und andere wohlhabende Honoratioren. Für ihre Freilassung verlangt Hoelz stets eine Million Mark, um dann auch erheblich niedrigere Summen zu akzeptieren. Wenn sich herausstellt, dass überhaupt kein Geld zu erwarten ist, lässt er einzelne Gefangene einfach so frei.

Das vermeintlich wilde Leben als gesetzlose Freischar zieht immer wieder Freiwillige an. Darunter auch fünf Männer aus Helbra, die kurz darauf fallen. Zu DDR-Zeiten wird an sie und andere Kämpfer der Hoelz-Truppe mit einem Denkmal im Ort namentlich erinnert. Die Auflistung dokumentiert wie jung die Männer waren, die sich Hoelz anschlossen. Stefan Weiner, geboren 1903 – gefallen 28.3.1921; Walter Pawlak, Geburtsdatum unbekannt – gefallen 28.3.1921: Otto Pfeifer, geboren

77 Hoelz: *Vom ‚Weißen Kreuz' zur roten Fahne.*, S. 159.

78 Knatz: *„Ein Heer im grünen Rock"?*, S. 117.

6.6.1900 – gefallen 27.3.1921; Paul Stammer, geboren 23.9.1889 – gefallen 29.3.1921; Josef Powroznik, geboen 20.9.1901 – gefallen 29.3.1921. Ferner aufgeführt Otto Trömel, geboren 2.7.1884 – gefallen 26.2.1919 und weitere sechs Namen von getöteten Antifaschisten aus der Region. [79]

Nachdem Hoelz von Helbra aufgebrochen ist, führt er am Abend des 25. März eine Art Husarenstreich gegen die acht Polizeihundertschaften in Eisleben durch. Der waghalsige Angriff markiert zugleich den Höhe- wie Wendepunkt der Entwicklung. Kurz nach 20 Uhr wird zunächst die Villa des reaktionären Generaloberarztes a.D. der kaiserlichen Marine, Dr. Evers, gesprengt. Dann stürmt die Hoelz-Truppe mit 300 bis 500 Mann ins Stadtzentrum. Das unbewachte Rathaus wird besetzt und binnen kurzer Zeit entwickelt sich ein heftiges Feuergefecht mit den alarmierten Hundertschaften, wobei auch die Wohnung von Generaldirektor Heinhold in die Luft fliegt. Der Herr Generaldirektor hält sich gerade in Magdeburg auf, wo er sich für ein energisches Vorgehen gegen die Aufständischen in Mitteldeutschland einsetzt. Gegen 23 Uhr ist die Rebellentruppe zum Rückzug gezwungen und hat mehrere Schwerverletzte und wohl auch einige Tote zu beklagen.[80]

Für Reichspräsident Ebert ist mittlerweile eine Grenze erreicht. Unter dem Eindruck der an Intensität zunehmenden Gefechte in Mitteldeutschland gelangt der Staatsführer zu der Überzeugung, dass nicht mehr gezögert werden darf und drastische Maßnahmen vonnöten sind. Dennoch will Ebert ein Bürgerkriegsszenario, das Wasser auf die Mühlen der Linken wäre, möglichst vermeiden. Eine Verhängung des Belagerungszustandes, der den Einsatz der Reichswehr zur Folge hätte, kommt deshalb nicht in Frage. Stattdessen verkündet der Reichspräsident am Morgen des 24. März den (nichtmilitärischen) Ausnahmezustand für Hamburg und die Provinz Sachsen. Es bleibt bei einer Polizeiaktion. Otto Hörsing wird zum Reichskommissar ernannt und verfügt eine Reihe von Ausnahmeverordnungen, so wird die VKPD-Druckerei in Halle geschlossen,

79 *Gedenk- und Erinnerungsstätten der Arbeiterbewegung im Bezirk Halle*, Bezirksleitung Halle der SED (Hrsg.), Halle 1982, S. 73.

80 Hoelz: *Vom ‚Weißen Kreuz' zur roten Fahne*, S. 160. Schneider: *Die blutige Osterwoche im Mansfelder Land*, S. 45 f. Die Beschreibungen dieses Gefechtes sind sehr unterschiedlich, so erwähnt Hoelz acht Verwundete, die Presse spricht von 10 Toten und erwähnt Plünderungen.

die Polizeitruppen massiv verstärkt und eine zentrale Polizeileitung eingesetzt.

Während die Regierung Mittel und Wege sucht, um die Aufstandsbewegung zu unterdrücken, unternimmt die VKPD-Zentrale in Berlin die größten Anstrengungen, sie über Mitteldeutschland hinaus auszuweiten.

Max Hoelz, rechts, im Gespräch mit einem bewaffneten Genossen während des Mitteldeutschen Aufstands.

Am 24. März erfolgt die für das ganze Reich geltende Parole für den Generalstreik erstmals von der VKPD.[81] Doch das Datum ist denkbar ungünstig. Ab dem 25. März 1921, dem Karfreitag, wird feiertagsbedingt vier Tage nicht gearbeitet. Am Gründonnerstag schließen sich reichsweit lediglich 200.000 Arbeiter dem Ausstand an. Um dem Streik mehr Durchschlagskraft zu geben, werden Gruppen von Arbeitslosen und anderen Parteiaktivisten vor Werkstore geschickt, um Arbeitswilligen den Zutritt zu verwehren, was in Schlägereien auf der Friedrich-Albert-Hütte bei Moers, der AEG in Berlin und anderen Orten eskaliert und die Kommunist*innen nicht gerade beliebter macht. Zur gleichen Zeit führen Abteilungen des M-Apparates Bombenanschläge durch. Béla Kun will die VKPD-Parteilokale in Breslau und Halle in die Luft jagen, um die eigene Anhängerschaft zu empören. Andere Gruppen wählen Justizgebäude in Dresden, Leipzig und Freiberg als Ziel. Ein weiterer Sprengsatz explodiert im Schnellzug Halle-Leipzig.[82] Politischen Nutzen bringen diese Anschläge nicht.

81 Der erste, wenngleich folgenlose, Aufruf zum Generalstreik erfolgte am 21. März durch die KAPD.

82 Flechtheim, Ossip K.: *Die KPD in der Weimarer Republik*, Frankfurt am Main 21976, S. 161.

Überall sind Kommunistinnen und Kommunisten bemüht, die Revolte zu entfachen. Im bestreikten Gotha wird das Gerichtsgebäude gestürmt. Im Rheinland und dem Ruhrgebiet kommt es zu Demonstrationen und ‚Oster-Spaziergängen'. An einigen Orten führt das zu bewaffneten Auseinandersetzungen mit der Polizei die Tote und Verletzte zur Folge haben. Auch Berlin ist Schauplatz einer Schießerei bei der drei Menschen sterben, darunter ein Polizist. Wilhelm Sült, aktives VKPD-Mitglied, gewählter Betriebsrat und Obmann der gewerkschaftlichen Vertrauensleute der Berliner Elektrizitätswerke, ist maßgeblich daran beteiligt, einen Streik zur Unterstützung des Mitteldeutschen Aufstands in Berlin zu organisieren. Der populäre kommunistische Gewerkschafter wird am 30. April aus einer Vertrauensleute-Versammlung von der Polizei in ‚Schutzhaft' genommen und kurz darauf umgebracht.

Alle Anstrengungen und Opfer sind vergeblich, es gelingt nicht, die Stimmung zum Kippen zu bringen. Weder Streiks noch Kämpfe greifen von Mitteldeutschland aus auf das Reichsgebiet über.

Der Kommunist Wilhelm Sült, im Zusammenhang mit dem Mitteldeutschen Aufstand in Berlin verhaftet, wird am 1. April im Polizeipräsidium am Alexanderplatz von Kriminalbetriebsassistenten Albert Jannicke hinterrücks niedergeschossen. Am folgenden Tag erliegt Sült seiner schweren Verletzung. Seine Beerdigung gleicht einer Massendemonstration.

## Provozieren um jeden Preis!

In Halle bleibt es, trotz aller Propaganda der VKPD, ruhig. Die Verkündung des Generalstreiks am 24. März verhallt, in den meisten Betrieben wird weitergearbeitet. Um die Bewegung anzukurbeln, schickt die Parteileitung aus Berlin den Genossen Schmidt, der am Abend einen instruktiven Vortrag hält. *„Er vertrat dabei die Meinung, dass die Aktion nunmehr mit aller Kraft zu steigern sei,"*[83] so der anwesende Paul Bowitzky. Am folgenden Tag gibt der Vorsitzende der VKPD Halle-Merseburg, Alfred Oelßner, die Parole aus: *„Provozieren um jeden Preis! Stürzt Straßenbahnen um! Schmeißt Handgranaten!"*,[84] was dem militanten Flügel der Partei entgegen kommt. Ungeduldig drängen die Vertreter des militärischen Apparates im Verein mit Aktivist*innen der KAPD auf einen bewaffneten Aufstand und interpretieren die Parole von der ‚Steigerung der Aktion' in diesem Sinne.

Auf dem Gertraudenfriedhof in Halle findet am 25. März, dem Karfreitag, eine Kundgebung an den Gräbern der im Vorjahr während der Abwehr des Kapp-Putsches Gefallenen statt, die trotz Belagerungszustand erlaubt bleibt. Weit über 10.000 Menschen versammeln sich. Alfred Lemck und Paul Bowitzky nutzen die Gelegenheit, um die Anwesenden dazu aufzurufen, den bedrängten Mansfelder Genossen bewaffnet zu Hilfe zu eilen. Etwa 300 Personen bilden eine neue Gruppe von Aufständischen und folgen den beiden Leitern des militärischen Apparates nach Teutschenthal.[85]

83 Bundesarchiv, Reichskom. f.d. Überwachung d. öffent. Ordnung u. Nachrichtensammelstelle im RM I, R1507/2052, Bericht Bowitzky, Offiz. M.P. und polit. Kommissar für Mansfeld, Blatt 69.

84 Ebenda, Blatt 73.

85 Ebenda, Blatt 73 ff.

Der Abzug der Militanten schwächt die Position der Kommunist*innen in der Stadt und beruht auf der Eigenmächtigkeit von Lemck und Bowitzky. Die VKPD-Zentrale in Halle hat keine Kontrolle über das Geschehen. Deutlich zeigt sich das auch bei den Leuna-Werken. Eigentlich wären die großen Industrieanlagen ein ideales Bollwerk, um sich den Polizeitruppen entgegenzustellen, doch das Kommando führt die KAPD, genauer Franz Peter Utzelmann, genannt Kempin. Der 23-jährige setzt sich an die Spitze eines improvisierten ‚Generalstabs' in Leuna und lässt im riesigen Werksgelände Verschanzungen anlegen. Nach der Verkündung des Streiks bleiben von 20.000 Arbeitern allerdings nur 2.000 zurück, die das Werk besetzen, und von diesen findet sich wiederum nur ein Teil bereit, eine Arbeiterwehr zu bilden. Eine namentliche Auflistung weist 998 Personen, eingeteilt in 18 Kompanien auf.[86] Insgesamt sind nicht mehr als 200 Gewehre und einige Pistolen vorhanden. Wer kein Gewehr mitgebracht hat, kann nur mit Glück von der Entwaffnung des Werkschutzes profitieren.

Trotzdem könnten die Leuna-Werke zum Ausgangspunkt einer revolutionären Entwicklung werden und eine militärische Basis im Aufstand sein, vorausgesetzt die kommunistischen Parteien arbeiten zusammen. Doch daran, dass sich Kempin unter eine Zentralleitung der VKPD stellt oder Instruktionen von irgendjemanden anderen, selbst aus der KAPD, entgegennimmt, ist nicht zu denken. In der Folge werden die Leuna-Werke zu einer isolierten Festung.

Ähnlich verhält es sich bei Max Hoelz, der sich von niemandem hineinreden lässt und die militärisch schlagkräftigste Truppe des Aufstandes anführt. Seine Stärke beziffert der Rebellenführer am 25. März auf mehr als 2.500 Mann.[87] Augenzeugen berichten hingegen von 300 bis 500 Aufständischen die, völlig überraschend, am folgenden Tag in Sangerhausen auftauchen.[88]

86 Schade, Ralf: *Das Polizei-Betriebsschutzamt Leuna 1916 – 1936*, Leuna 2007, S. 54 ff.

87 Hoelz: *Vom ‚Weißen Kreuz' zur roten Fahne*, S. 160.

88 Knatz: *„Ein Heer im grünen Rock"?*, S.127.

## Panzerzug in Sangerhausen

Nach ihrem Kampf in Eisleben zieht die Hoelz-Truppe *„mit zehn Lastautos, zum Teil mit Anhängern und zu Fuß“*[89] am 26. März nach Sangerhausen weiter.

Warum Hoelz dieses Ziel wählt, bleibt unklar. Er selbst gibt an, dass er von heranziehenden Polizei- und Reichswehrverstärkungen erfährt und sich mit Aufständischen in Teutschenthal bzw. den Leuna-Werken vereinigen will.[90] Beide Orte liegen allerdings in entgegengesetzter Richtung zu Sangerhausen.

Zunächst lässt Hoelz in der Kreisstadt die öffentlichen Gebäude besetzen und das Postamt sowie die Bank um ihr Bargeld erleichtern. Man hat es nicht eilig, die Truppe ist hungrig und in den Gasthäusern wird Essen bestellt. Mitten im Gelage fährt um 15:40 Uhr der ‚Ostersonderzug Uhland‘ aus Richtung Nordhausen kommend im Bahnhof ein. Dieser Zug der WÜRTTEMBERGISCHEN VERKEHRSWEHR aus Stuttgart ist von Reichsverkehrsminister Groener nach Mitteldeutschland beordert worden, nachdem sich die Meldungen von zerstörten Bahnanlagen durch Spreng- und Sabotagetrupps häufen.

Bei der VERKEHRSWEHR handelt es sich um einen paramilitärischen Verband für den Bahnschutz, der in Umgehung der alliierten Bestimmungen über die Entwaffnung 1919 aus den Freikorps hervorgegangen ist. Im Gefechtswagen befinden sich 57 Angehörige der VERKEHRSWEHR, fast ausnahmslos freiwillige Studenten unter. Für Ausbesserungsarbeiten sind außerdem 107 Beamte und Arbeiter der Reichsbahn an Bord. Den Befehl

89 Hoelz: *Vom ‚Weißen Kreuz‘ zur roten Fahne*, S. 161.

90 Ebenda, S. 160.

führt der rechtsradikale Offizier Oskar Dirlewanger,[91] der von der Hoelz-Truppe in Sangerhausen nichts ahnt. So beginnt die Zugbesatzung Bahnhof und Bahnhofgelände zu besetzen. Von dieser Beobachtung alarmiert lassen die Aufständischen ihr Essen stehen und stürmen Hals über Kopf in den Kampf. Im ersten Ansturm treibt die Hoelz-Truppe die VERKEHRSWEHR in ihre Waggons zurück und sprengt die Schienen vor und hinter dem ‚Ostersonderzug Uhland'. Doch das nützt wenig.

Obwohl bewegungsunfähig, bleibt der Panzerzug mit je sechs MGs pro Wagen für die Rebellen uneinnehmbar. Vier Stunden wird die Zugbesatzung durch permanenten Beschuss von allen Seiten in die Verteidigung gezwungen. Ein Angehöriger der VERKEHRSWEHR fällt, 23 werden verwundet.[92] Zwei unbeteiligte Bahnbedienstete und ein Passant sterben durch Querschläger. Hoelz verliert vermutlich drei Männer.

Endlich muss der Rebellenführer einsehen, das der Panzerzug ohne schwere Waffen nicht zu knacken ist und bricht das sinnlose Unterfangen ab. In der Nacht zieht die Hoelz-Truppe ab. Allerdings nicht ohne vorher einige Sprengungen vorgenommen zu haben und 14 Geiseln mitzunehmen.

Trotz des Misserfolgs fühlt sich Hoelz oben auf, er ahnt nicht, dass er in Sangerhausen zum letzten Mal das Geschehen bestimmt hat – von nun an geht die Initiative auf die umstrukturierten und überlegenen Polizeieinheiten über.

---

91 Oskar Dirlewanger durchläuft eine militärische Karriere als Kriegsteilnehmer des Ersten Weltkrieges und in diversen Freikorps. Bereits 1922 tritt er der NSDAP und der SA bei und ist später am spanischen Bürgerkrieg beteiligt. Dirlewanger fällt dann aber aufgrund seines Verhaltens in Ungnade. 1940 ist er wegen Vergewaltigung eines 13-jährigen Mädchens und sexueller Belästigung sowie Veruntreuung vorbestraft und kurze Zeit im Schutzhaftlager Welzheim inhaftiert. SS-Obergruppenführer Gottlob Berger holt ihn aus der Haft in die Waffen-SS. Der Militärexperte Dirlewanger erhält im Mai 1940 den Auftrag, das *Wilddieb-Kommando Oranienburg* im KZ Sachsenhausen aufzustellen. Vorbestrafte Kriminelle und KZ-Häftlinge, die sich dadurch ihre Freiheit versprechen, bilden den Kern der *Sonderkommandos Dirlewanger* genannten Waffen-SS-Einheit. Insbesondere durch ihre Einsätze gegen Partisanen und den Warschauer Aufstand im August 1944, wird diese Einheit für ihre außerordentliche Brutalität bekannt. Dirlewanger gerät 1945 in Gefangenschaft, wo er im Juni ums Leben kommt.

92 Knatz: *„Ein Heer im grünen Rock"?*, S. 129.

# Die Schupo marschiert

Innenminister Severing bestimmt Polizeioberst Kurt von Klüfer am 24. März 1921 zum Leiter für die Bekämpfung des Aufruhrs in Mitteldeutschland. Im Merseburger Schloss, dem Amtssitz der Regierung, richtet der Oberst seinen Stab ein. Klüfer, ein Truppenführer aus dem Weltkrieg und Träger der höchsten preußischen Tapferkeitsauszeichnung, dem Orden Pour le Mérite, war bereits als Kommandeur der Sicherheitspolizeigruppe Gelsenkirchen an der Niederschlagung des Ruhraufstandes 1920 beteiligt.

Das Polizeikontingent wird auf 38 Hundertschaften aufgestockt und mit Artillerie der Reichswehr verstärkt. Benannt nach den Städten, in denen sie stationiert sind, werden die Hundertschaften in fünf Gruppen gegliedert. Gruppe Naumburg, Weißenfels, Merseburg und Halle. Das direkte Niederkämpfen des Aufstandes obliegt der ‚Gruppe Eisleben', die von der Düsseldorfer Polizei unter Graf Bernhard Poninski geführt wird. Poninski ist ebenfalls Weltkriegsveteran und hat im Frühjahr 1920 eine Entwaffnungsaktion im Ruhrgebiet geleitet. Er gilt als ein ausgewiesener Fachmann in der Aufstandsbekämpfung.

Per Bahntransport treffen vier Düsseldorfer Hundertschaften, die auf dem großen Truppenübungsplatz Munster-Lager in Bereitschaft lagen, am 25. März um 18 Uhr im Bahnhof Sandersleben an. Wenig später kommt die 4. Batterie des Reichswehr-Feldartillerie-Regiments 2 aus Halberstadt mit 136 Mann, vier Feldhaubitzen und drei leichten Minenwerfern hinzu. Die Bedienung der Minenwerfer übernimmt die Polizei.

Die meisten Düsseldorfer Polizisten sind Weltkriegsveteranen und Graf Poninski legt Wert auf schneidiges, militärisches Auftreten. Was auch Oberst von Klüfer gefällt, der in Begleitung persönlich beim Stab Poninskis erscheint und den Polizeikommandeuren den Plan für die kommenden Tage erläutert. Im Kern geht es darum, *„zunächst den im Mansfelder Gebirgskreis verstreuten Hundertschaften Hilfe zu bringen, sie unter einheitlichen Befehl zu vereinen, mit ihnen das Kommunistennest Eisleben zu säubern, darauf den Mansfelder Seekreis im Durchmarsch auf Leuna - soweit möglich - zu befrieden und schließlich Leuna in die Hand zu bekommen"*.[93]

Bei dem Vormarsch auf breiter Front ist jeder *„Widerstand zu brechen"*[94], ferner sollen alle Orte auf dem Weg *„gesäubert"*[95] werden, wie es im Polizeijargon heißt. Das Angriffsverfahren ist stets gleich und stammt aus dem Weltkrieg. Wo sich Widerstand in dem waldarmen, bergigen und von vielen Dörfern zersiedelten Gebiet zeigt, wird dieser umfasst und dann konzentrisch zerschlagen, vor allem durch Artilleriefeuer. Viel Wert wird bei dem Unternehmen der Öffentlichkeitsarbeit beigemessen. Poninski erlaubt die Begleitung der ‚Gruppe Eisleben' durch Korrespondenten.

Am Morgen des 26. März beginnt der Vormarsch der Düsseldorfer Polizei auf Hettstedt. Ohne besondere Vorkommnisse wird die Stadt erreicht und Poninski übernimmt das Kommando über die vier Hundertschaften von Major Lampe. Offensichtlich haben die Aufständischen die Gegend verlassen, trotzdem finden umfangreiche Durchsuchungen, insbesondere in den Schachtanlagen, statt. Insgesamt werden 140 Personen verhaftet. Anschließend lässt Poninski nach Mansfeld weitermarschieren. Der Weg führt über Klostermansfeld, wo die Polizei unter Beschuss gerät. Auf der Suche nach den Schützen werden zahlreiche Menschen festgenommen. Unter den Gefangenen befindet sich auch der Gemeindevorsteher und VKPD-Funktionär Paul Müller, der am Abend bei einem angeblichen Fluchtversuch erschossen wird. Es handelt sich wohl um die erste Gefangenenerschießung dieses Polizeieinsatzes.

93 Zit. in: Christian Knatz: *„Ein Heer im grünen Rock"?*, S. 145.

94 Ebenda.

95 Ebenda.

Einmarsch der Schupo in Mansfeld.

Zeitgenössische Bildbeschreibung: *„Hauptmann Schuhmann mit Handgranatenwerfern von der Polizei in Eisleben.“* Der Hauptmann, wie ein weiterer Schupo, tragen stolz ihr EK 1 aus dem Weltkrieg.

Maschinenpistolen-Posten der Schupo in Eisleben auf dem Breiten Weg. Zu NS-Zeiten in Paul-Berck-Straße umbenannt. Berck ist ein sogenannter ‚Blutzeuge' der Nazis, der beim ‚Eisleber Blutsonntag' am 12.2.1933 ums Leben kommt.

Von Mansfeld aus heißt das nächste Etappenziel Eisleben, das am 27. März von den Polizeieinheiten aus zwei Richtungen gleichzeitig erreicht werden soll. Eine Abteilung wird von Oberst von Wendt geführt, mit ihr marschieren Poninski und sein Stab. Die andere Abteilung steht unter dem Kommando von Major Lampe. Auf ihrem Weg kommt die Abteilung von Wendt gegen 9:30 Uhr nach Helbra, dem ehemaligen Hauptquartier von Hoelz. *„Hier war der Jubel der Bevölkerung schier uneindämmbar. Was mußten die Menschen erlebt haben! Erpressung, Raub, Brandstiftung und Plünderungen waren die ‚strategischen' Mittel, welche die Höllschen* [abgeleitet von der Schreibweise Hölz, Anm. Verf.] *Banden anwandten, um die Bevölkerung gefügig zu machen und die Männer in ihren Dienst zu pressen".*[96]

Auch in Eisleben, das Poninski um 14:30 Uhr erreicht, trägt die Ankunft der Hundertschaften Züge eines Volksfestes. Spontan bildet sich eine Einwohnerwehr, um die Polizei zu unterstützen.[97]

Weniger Glück hat die Abteilung Lampe, die südwestlich von Eisleben vorrückt und dort in Gefechte verwickelt wird. Wolferode und Bischofsrode, beide keine sechs Kilometer von Eisleben entfernt, können erst mit

96 *Vossische Zeitung*, Nr. 150, 1. April 1921; Zit. in: Christian Knatz: *„Ein Heer im grünen Rock"?*, S. 149.

97 Knatz: *„Ein Heer im grünen Rock"?*, S.149.

Jeder Widerstand wird von der Schupo ‚Gruppe Eisleben' gebrochen. Die zeitgenössische Bildunterschrift lautet „*Nach opferreichen Kampf werden gefangene Terroristen abgeführt*".

Hilfe von Artillerie am späten Nachmittag unter Kontrolle gebracht werden. In den Kämpfen fällt ein Schupo, vier werden verwundet. Ungleich höher sind die Verluste bei den Aufständischen. Allein zehn Rebellen werden erschossen. Es kommen bald Zweifel daran auf, dass wirklich alle Toten die Opfer von Kampfhandlungen sind.[98] Oberst Graf Poninski hält sich mit solchen Gedanken nicht auf. Nachdem sich ihm die Hundertschaften in Eisleben unterstellt haben, rückt er am nächsten Tag weiter vor.

Der Widerstand, auf den die Gruppe Eisleben trifft, bleibt überraschend gering. Es gibt zwar immer wieder Scharmützel, aber keine ernsthafte militärische Konfrontation. In nur drei Tagen, vom 26. bis 28. März, ziehen Poninskis Hundertschaften einmal mitten durch das Aufstandsgebiet und brechen jeden Widerstand. Seine operativen Ziele hat der Oberst voll umfänglich erreicht. Jedes Gefecht hat die Polizei für sich entschieden, viele Verhaftungen vorgenommen und selbst nur sehr geringe Verluste erlitten: Zwei Polizisten sind gefallen, drei verwundet.

98 LHA Magdeburg, Rep. C 20 I, I b, Nr. 4795 I, Blatt 40.

Panzerwagen der ersten Hundertschaft Eisleben.

Um ein Ende der Kämpfe im Regierungsbezirk Merseburg zu erreichen, bleibt aber die Zerschlagung der ‚Armeegruppe Hoelz' von zentraler Bedeutung. Der Rebellenführer zeigt keine Neigung, sich einen Schlagabtausch mit der überlegenen, durch Artillerie unterstützten ‚Gruppe Eisleben' zu liefern und weicht aus. Außerdem gibt es noch die Leuna-Werke, die sich wie ein gigantischer Festungsbau inmitten des Aufstandsgebietes erheben.

Bevor diese Ziele ins Auge gefasst werden, ist erst einmal der 29. März als Ruhetag für die Polizeihundertschaften vorgesehen. Quartiere, für die von den Kämpfen und Tagesmärschen bis zu 30 km ermüdeten Schupos, sollen in Schafstädt und angrenzenden Gemeinden gefunden werden, nur 20 Kilometer von den Leuna-Werken entfernt.

Aus der beabsichtigten Erholung wird aber nichts. Am 28. März, kurz nach 18 Uhr, überbringt Oberst von Klüfer dem Grafen Poninski persönlich einen neuen Befehl der Polizeileitung: Bereits in den frühen Morgenstunden des folgenden Tages sollen die Leuna-Werke durch Schutzpolizei eingenommen werden, wobei Poninskis Abteilung der Hauptangriff aus westlicher Richtung vorbehalten ist.

## Ammendorf

Während Poninski noch mit seinen Männern durchs Aufstandsgebiet zieht, um am 28. März seine Ruhequartiere ins Visier zu nehmen, erleiden die Rebellen bei Halle eine entscheidende Niederlage.

Max Hoelz will an diesem Tag das Artilleriedepot in Ammendorf ausräumen, sich dort mit Waffen und Munition versorgen und dann Halle besetzen. Dazu haben sich ihm unmittelbar vorher Alfred Lemck und Paul Bowitzky mit ihrer Gruppe angeschlossen. Zusammen sind es ungefähr 700 Kämpfer, die zwischen 5 und 6 Uhr morgens in Ammendorf einrücken. Hoelz gibt die Zahl mit 2.000 an, was übertrieben sein dürfte. Die am Ort stationierte Hundertschaft flüchtet sich auf einen Gutshof, und in Ruhe können die üblichen Requirierungen und einige Sprengungen vorgenommen werden.

Als Hoelz in der Chemischen Fabrik Buckau bei Ammendorf von Direktor Konrad Banse eine größere Geldsumme verlangt, schaut dieser ihn nur verwundert an, denn ein Doppelgänger von Hoelz hat den Betrieb bereits um sein Geld erleichtert. Hoelz empört sich über dieses Vorgehen: *„Während der Kämpfe trieb unter anderem auch ein bekannter Genosse der K.A.P. Mißbrauch mit meinem Namen. Er hatte - wie manch andere - während wir im heißen Gefecht mit der Sipo und Reichswehr standen, ohne meine Zustimmung und ohne, daß ich überhaupt davon wußte, große Expropriationen ausgeführt und sich dabei meines Namens bedient. Wo er Geld fand, stellte er den Betroffenen eine Quittung mit meiner Unterschrift aus und erklärte, er selbst sei Max Hoelz. So hatte er auch in einer Fabrik bei Ammendorf eine größere Bargeldsumme erhalten und mit meinem Namen quittiert. Ich weiß, daß der K.A.P.-Genosse aus rein politischen Motiven so handelte, zu verurteilen war sein Vorgehen* *aber doch, da es unrevolutionär ist, seine Einzelaktionen nicht mit der eigenen Person zu decken.“*[99] Der namentlich nicht benannte K.A.P.-Genosse ist Karl Plättner. Dessen Operationsgebiet liegt in der Gegend zwischen Halle und Bitterfeld, während Hoelz vorwiegend in der Region zwischen Eisleben und Hettstedt unterwegs ist. Mit einer Truppe aus ca. 100 Kämpfern[100] versucht Plättner selbständig ein Kampfzentrum bei Ammendorf zu bilden. Über Geplänkel mit der Schupo kommt dieser Versuch aber nicht hinaus. Erfolgreicher sind die Expropriationen. Ein Mitglied von Plättners Gruppe war im Betriebsrat der Chemiefabrik und verfügt über die nötigen Ortskenntnisse für diese Enteignungsaktion. Ausgerüstet mit Handgranaten und Karabinern dringt Plättner mit vier Genossen in die Fabrik ein und tritt dem Direktor mit den Worten *„Ich bin Hoelz! Sie werden sofort den Kassenschrank öffnen!“* entgegen. Als der Direktor einwirft, dass es sich um Lohngelder handelt, erwidert Plättner *„Das schadet nichts, das kriegen die Arbeiter alles wieder.“*[101] Die Gruppe erbeutet 32.000 Mark und Platinbestände im Wert von 60.000 Mark. Plättner quittiert diese Summen mit ‚Hoelz‘, auch als er daraufhin den Direktor um 1.000 Mark aus dessen Privatschatulle erleichtert, unterschreibt er noch einmal mit ‚Hoelz‘.

Mit dieser Geschichte kann sich Hoelz aber nicht aufhalten. Er braucht dringend Verstärkung für den Angriff auf Halle und schickt Alfred Lemck deshalb in die Leuna-Werke. Kommandant Utzelmann schickt Lemck jedoch lediglich mit 1.000 Schuss Munition zurück und dem vagen Versprechen, dass Kämpfer folgen werden.

Ohne Unterstützung aus Leuna reichen die Kräfte in Ammendorf für einen Angriff auf Halle nicht aus. Trotzdem entschließt sich Hoelz, in einer Art Verzweiflungsaktion, auf die Stadt vorzurücken. Die Situation dreht sich völlig, als sich die Freischärler in Ammendorf plötzlich von sechs Hundertschaften in die Zange genommen sehen. Es folgt ein Gefecht, das schwere Zerstörungen in dem Vorort zur Folge hat. Viele Gebäude werden von den Rebellen gesprengt, u.a. die Post, der Bahnhof

99 Hoelz: *Vom ‚Weißen Kreuz‘ zur roten Fahne*, S. 181.

100 Bock: *Syndikalismus und Linkskommunismus von 1918 bis 1923*, S. 302.

101 Aufzeichnungen der Kriminalpolizei Halle zur Plünderung der Chemischen Fabrik Buckau, 21.2.1922, Aussage des Direktors Banse, 3.5.1921, BA Berlin, ORA/RG 13 J 493/23, Bd. 24.

Die Schupo hat einen revolutionären Agitator mit Aufrufen gestellt. Im Text heißt es *„Wir schlachten die Bourgeoisie ab, ohne Unterschied des Alters und des Geschlechts, wir sprengen ihre Schlösser und Paläste, ihre Villen in die Luft. Wir nehmen ihnen das geraubte Gut, das Geld, das Gold, was sie den Arbeitern durch Ausbeutung und Wucher zuerst geraubt haben. [...] Geht zur Tat über! Max Hoelz Hauptquartier Klostermansfeld.*[103]

und eine Brücke.[102] Einen militärischen Nutzen hat das nicht, die Aufständischen müssen ihr Heil in der Flucht suchen. Ohne eigene Verluste fügt die Polizei der Rebellentruppe eine bittere Niederlage zu. Mit 30 Gefallenen sind die Verluste der Hoelz-Truppe überaus hoch. Hinzu kommen 70 Freischärler, die in Gefangenschaft geraten, sowie Kraftfahrzeuge und Waffen, die der Polizei in die Hände fallen. Nur dem unkoordinierten Vorgehen der Hundertschaften verdanken viele Rebellen, dass sie entkommen können. Eine größere Gruppe, zu der auch Max Hoelz stößt, sammelt sich wenig später in Gröbers. Alfred Lemck und Paul Bowitzky retten sich mit einigen Genossen in die Leuna-Werke.

102 SAPMO/BArch, B. Y 1-12669

## Bei Leuna sind viele gefallen

Seit den ersten Tagen des Aufstandes ranken sich um die riesige Industrieanlage bei Leuna die wildesten Gerüchte. Befeuert durch die Sensationsberichterstattung der Presse geistern fantastische Zahlen von bis zu 12.000 Kämpfern mit einem utopischen Waffenarsenal durch die Welt. Mit dem Ausmalen von Schreckensszenarien lassen sich höhere Auflagen erzielen. Hinzu kommt bei den nationalkonservativ ausgerichteten Blättern des Hugenberg-Konzerns politisches Kalkül.

Wobei es ohne große Probleme möglich ist, sich ein Bild über die tatsächlichen Verhältnisse zu machen. Jeden Tag verlassen Aufständische das Werk und können Korrespondenten, trotz aufgestellter Posten, ein- und ausgehen. So schmuggelt sich auch ein Journalist der deutschnationalen HALLESCHEN ZEITUNG in die Leuna-Werke ein. Sein daraufhin erscheinender Artikel ist außergewöhnlich, denn er widerspricht den aufgebauschten Schreckensmeldungen: *„Wer nur eines dieser Gerüchte weiterträgt, der verhilft der ‚roten Armee' zu einem Ruhm, der ihr nicht gebührt. Leuna ist heute kein Aktivposten mehr im Geschehen dieses Kommunistenputsches, und es ist es auch nie gewesen"*. Als Ausrüstung habe man *„Karabiner am Bindfaden über die Schulter gehängt"*, Kampfstimmung sei *„nicht vorhanden"*, und die meisten Arbeiter hätten längst erkannt, dass die Drohung, auf Flüchtende werde geschossen, *„eitel Bluff ist wie das ganze Unternehmen ‚Reservearmee Leuna'"*.[103]

Von den knapp 1.000 Freiwilligen, aus denen am ersten Tag 18 Kompanien aufgestellt werden, verschwindet bald der ein oder andere. Doch es gibt ständigen Zuzug nach Leuna, wenn auch der stetige Schwund

103 *Hallesche Zeitung*, Nr. 142, 26. März 1921. Zit. in: Knatz: *„Ein Heer im grünen Rock"?*, S. 162

Der Panzerzug von Leuna nach der Einnahme des Werksgeländes durch die Polizei. Im Bildmittelpunkt, vor dem Zug, ein Schupo. Neben fünfzackigen Sternen gehören auch Totenköpfe zu den Symbolen der Aufständischen.

Die beiden abgekoppelten Waggons des Panzerzugs, die ausschließlich mit Totenköpfen bemalt sind.

von Kämpfern damit kaum ausgeglichen werden kann. Auch bleibt die Bewaffnung ein erhebliches Problem. Über einige hundert Gewehre und eine Handvoll Maschinengewehre geht sie nicht hinaus.

Man ist jedoch erfinderisch. Eine Werkslokomotive und zwei Waggons werden zu einem Panzerzug umfunktioniert. Dazu wird das Fahrzeug mit 15 mm dicken Stahlplatten ummantelt. Die Stahlplatten der Waggons haben Schießscharten und jeder ist zusätzlich mit starken Holzbohlen gesichert. In den Waggons sind jeweils zwei Schießstände für Maschinengewehre vorhanden und die Wagen durch Telefon mit der Lokomotive verbunden. Nachdem der Panzerzug fertiggestellt ist, werden Wasser und Kohlen gefasst und die Lokomotive unter Feuer gehalten, damit er einsatzbereit ist.

Mittels Streifenfahrten beabsichtigt die Arbeiterwehr die Polizeitruppen zu beunruhigen. Zumindest einmal soll der Panzerzug auf der 12 Kilometer Strecke Leuna-Korbetha vorgestoßen sein.[104] Diese Unternehmung schildert der Schlosser Albert Herman Rahn (30. Januar 1898 – 27. Oktober 1978) aus Bad Klosterlausnitz/Thüringen in seinen Erinnerungen: *„Im Leuna-Werk wurden Massenversammlungen abgehalten. Dabei wurde ein Aktionsausschuss gebildet, Eisenbahnwaggons mit starkem Blech gepanzert. LKW wurden in Panzerautos umgebaut, Gewehre wurden aus dem umliegenden Orten unter Stroh gebracht. Diese Fuhren machten werktätige Bauern, auch zwei MGs waren dabei. Wir hatten im Ganzen 150 Gewehre, leider viel zu wenig. Drei bewaffnete Züge mit Kämpfern wurden aufgestellt, ich mit einbegriffen.*

*Eines Tages hatten wir Feindalarm. Unsere Späher hatten festgestellt, dass Sipo von Korbetha her auf das Leuna-Werk zumarschierte. Sofort wurde eine unter Dampf stehende Lok mit drei Waggons* [die Polizei stellt im Werk nur zwei Waggons sicher, offensichtlich täuschen den Zeitzeugen hier seine Erinnerungen. Anm. d. Verf.] *dem marschierenden Gegner entgegengefahren. Wir hielten in Syrgau. Unter Deckung schwärmten wir aus, waren aber kaum 50 Meter vorgegangen als unser Kompanieführer fiel und gleich darauf noch ein Zugführer. Wir hatten zu spät festgestellt, dass die Sipo sich in einer Mühle verschanzt hatten und aus dem Dach schossen. Wir zogen eine Gruppe zur Ausgangsstellung zurück, hier stand hinter*

104 Weber: *Ein kommunistischer Putsch?*, S.159.

Geschütze werden in Stellung gebracht. Mit artilleristischer Unterstützung der Reichswehr stürmt die Polizei die Leuna-Werke.

*einem Plankenzaun ein 10 Meter hoher Trafoturm, da bin ich mit dieser Gruppe, ein MG und vier Gewehre, hochgestiegen und hab durch das Dach von diesem Turm die Mühle unter Feuer genommen. Wir brauchten gar nicht lange zu warten und der Gegner floh wieder in Richtung Korbetha. Jetzt hatten wir zwei Tage Ruhe. Am 3. Osterfeiertag früh 6 Uhr setzte Artilleriefeuer ein, und zwar im Sperrfeuer haben sie die Gasleitungen zerschossen, dass es rings um uns brannte. Im Anschluss an das Sperrfeuer war der Gegner im Werk eingebrochen, und zwar mit großer Überzahl bis an die Zähne bewaffnet. Dagegen waren wir hilflos und waren bald überrannt. Nun hieß es Hände hoch heben ca. eine Stunde lang. Während wir abgeführt wurden, mussten wir Deutschland hoch in Ehren und das Deutschlandlied singen und welche es nicht laut sangen schlugen sie mit der Lederpeitsche. [...] Nach drei Wochen wurden wir nach der Brückenkopfkaserne in Wittenberg abgeführt, welches als Untersuchungsgefängnis und sogleich als Sondergericht diente. Da wurden ohne großes Federlesen am laufenden Band Urteile gesprochen. Ich hatte das Glück billig wegzu-*

Gefallene Aufständische in den Leuna-Werken, Polizeifoto.

*kommen da ich keinen Belastungszeugen hatte. Mein Urteil lautete, für Landesfriedensbruch und Anschließung an bewaffnete Haufen, sechs Monate Gefängnis mit zweijähriger Bewährung.*

*Zurückgekehrt nach meinem Wohnort Bad Dürrenberg erhielt ich 50 Mark von der ,Roten Hilfe'. Mit diesem Geld bin ich sofort nach Bad Klosterlausnitz gefahren. Meldete mich arbeitslos, bekam aber keine Unterstützung mehr.*

*Der ehemalige Bürgermeister Ernst Prüfer sagte zu mir: ,Ich kann dich nicht unterstützen, du bist an deinem Lose selbst schuld.' [...] Seit 1922 gehöre ich der Arbeiterpartei an, was nach meiner Überzeugung notwendig war.*"[105]

Für den Verlauf der Kämpfe hat der einmalige Vorstoß des Panzerzuges keine Relevanz. Dabei könnte das imposante Kriegsgerät für offensive Operationen aus dem Werk eingesetzt werden und der gesamten Bewegung neue Impulse geben. An einer Zusammenarbeit mit anderen Kräften zeigen die Werksbesetzer aber kein Interesse, ihre Aktivitäten bleiben auf die Industrieanlage beschränkt. Diese Politik wird von Franz

105 Zit. in: Belau, Detlef, *Naumburg an der Saale 1918–1945, in: Leuna-Aufstand*, 19.2.2015.

Peter Utzelmann dirigiert, der mit seinen zwei ‚Adjutanten' Albert Krone und Max Prenzlow im Gebäude des Direktoriums residiert. Dort gibt es eine tägliche Pressekonferenz, in der Kempin die anwesenden Journalisten zu beeindrucken sucht. In der FREIHEIT wird Utzelman denn auch als der *„Ludendorff des Leunawerks"*[106] bezeichnet.

Eine krasse Verkennung der Realität. Ein Plan ist bei Utzelmann nicht erkennbar. Abgesehen von der wiederholten Drohung, das Werk im Falle eines Angriffs in die Luft zu jagen, verlieren sich seine Anordnungen in ziellosen Schanzarbeiten und pseudomilitärischen Übungen.

Max Hoelz sieht im Leuna-Werk von Beginn an eine Mausefalle. Das spricht er in einer Kritik an einem Text von Otto Rühle zur Märzaktion an. Rühle vertritt die Ansicht, dass die Arbeiter bei Aufständen ihre Fabriken und Betriebe verteidigen müssten. Dazu Hoelz: *„Der Genosse Kempin-Utzelmann vom Leunawerk scheint sich die These von Otto Rühle zu eigen gemacht zu haben. Der Verbleib der bewaffneten Arbeiter im Leunawerk war, gelinde gesagt, ein unverantwortlicher Fehler, der sich auch bitter gerächt hat."*[107]

Versuche der ‚Kampfleitung' der VKPD in Halle, die Leuna-Besetzer in einen Angriffsplan einzubinden und einen Ausbruch in Richtung Merseburg anzuordnen, werden ignoriert. Einen ins Werk geschickten Kurier lässt Utzelmann sogar verhaften.

Auch das Hilfegesuch von Hoelz, zumindest einen Teil der sich im Werk aufhaltenden Besatzung am 28. März als Verstärkung nach Ammendorf zu führen, wird abgelehnt.

In der Folge bleibt das Leuna-Werk eine isolierte Bastion, die dem Untergang geweiht ist. Agonie und Ratlosigkeit machen sich breit. Nach und nach verlassen immer mehr Verteidiger ihre Stellungen und suchen das Weite.

Die Polizei müsste über die Situation bestens informiert sein. Doch sie beteiligt sich lieber an der Verbreitung übertriebener Darstellungen. Im Abschlussbericht vor dem Angriff auf den Industriekomplex von Oberst von Klüfer heißt es: *„Die Lage in Leuna wird immer kritischer. Die Nach-*

106 Zit. in: Knatz: *„Ein Heer im grünen Rock"?*, S. 159.

107 Hoelz: *Vom ‚Weißen Kreuz' zur roten Fahne*, S. 171; ähnlich: Joseph Schneider: *Die blutige Osterwoche im Mansfelder Land*, S. 53.

*richten aus Halle immer bedrohlicher. Stündlich muss mit einem Angriff von zwei Seiten auf Merseburg und nach dessen Fall, unter Mitwirkung der versprengten örtlichen Gruppen Aufständischer östlich von Ammendorf mit einem Angriff auf Halle gerechnet werden. Leuna hat auch erheblichen Zuzug von Kampfkommunisten aus Leipzig erhalten.*"[108] Tatsächlich halten sich im Leuna-Werk am 28. März höchstens noch 1.500 schlecht bewaffnete Aufständische auf.[109]

Als sich die Schlinge um das Werksgelände zuzieht, findet am Abend des 28. März eine letzte Versammlung statt. Bevor es zu spät ist, will eine Gruppe von 200 bis 300 Rebellen, darunter alle führenden Kader, entkommen. Unter Mitnahme ihrer Waffen, schleichen sich die Männer gegen 22 Uhr aus dem Werk. Ein großer Teil setzt sich mit Hilfe einer Floßbrücke über die Saale in Richtung Unstruttal ab. Das Kommando dieser Gruppe übernehmen die vormaligen ‚Adjutanten' Albert Krone und Paul Bowitzky. Ex-‚Kampfkommandant' Kempin und sein ‚Adjutant' Max Prenzlow gehen eigene Wege und werden am 31. März in Leipzig verhaftet.[110]

Unter der verbleibenden Rumpfbesatzung herrscht nach der Flucht der Führungsgruppe Ratlosigkeit. Noch im Werk befindliche Mitglieder des Betriebsrats und des Aktionsausschusses kommen darin überein, das Werk kampflos zu übergeben. Sie rufen bei der Direktion an und bitten diese, die Schupo davon in Kenntnis zu setzten.

Die Direktion lehnt das ab. Es gibt auch davon unabhängig keinen Versuch der Polizei, mit den Besetzern im Werk in Verbindung zu treten. Man will die militärische Lösung.[111]

In der Nacht zum 29. März 1921 schließt sich der Ring von 2.000 Polizisten, unterstützt durch eine Haubitzenbatterie der Reichswehr, um die Leuna-Werke. Um 6:30 Uhr gibt ein ‚blinder' Artillerieschuss das An-

108 LA Merseburg, Rep. C 48 I e, Nr.1096, Blatt 218.

109 Knatz: *„Ein Heer im grünen Rock"?*, S. 157.

110 Ein Sondergericht in Halle verurteilt Franz Peter Utzelmann am 21. Juni 1921 wegen ‚Hochverrat und Rädelsführerschaft' zu einer lebenslänglichen Zuchthausstrafe. Bereits im folgenden Jahr kommt er aufgrund einer Amnestie wieder auf freien Fuß, trennt sich von der KAPD und wird Mitglied der KPD.

111 Siehe dazu: Weber: *Ein kommunistischer Putsch?*, S. 161 ff. und Knatz: *„Ein Heer im grünen Rock"?*, S. 162 ff.

griffssignal, dann schlagen Artilleriegranaten beim westlichen Haupttor ein. Schnell ist die Stahlkonstruktion von den Granaten zerstört, gleich darauf schmettern Artilleriesalven ins Innere des Werkes. Um 8 Uhr folgt der gleichzeitige Angriff der Polizei von drei Seiten.

Es gibt nur sporadischen, unkoordinierten Widerstand einzelner Kämpfer. Unterwachtmeister Alfred Axtmann fällt an seinem MG durch Kopfschuss, einige seiner Kollegen werden bei der Erstürmung der Industrieanlage verwundet.

Auf der anderen Seite sterben zwischen 31[112] und 70 Aufständische[113] unter den Polizeikugeln, ertrinken in der eiskalten Saale oder werden am Flussufer erschlagen.

Dass ein aufgebrachter Mob einige flüchtende Rebellen umbringt, kommt bei der Auseinandersetzung um die Aufstellung des Gedenksteines in Leuna-Kröllwitz 1927 zur Sprache. Das Wort ‚gemeuchelt' stört die Behörden und muss von der KPD entfernt werden.

Dazu schreibt der KPD-Abgeordnete im preußischen Landtag, Max Lademann, der selbst an den Kämpfen teilgenommen hat: *„Zu der Begründung, die der Amtsvorsteher des Bezirks Rössen bei Entfernung des Wortes ‚gemeuchelt' gibt, möchte ich betonen, daß die auf dem Anger in Cröllwitz liegenden Märzgefallenen tatsächlich heimlich gemordet worden sind.*

*Dem Herr Amtsvorsteher ist offensichtlich nicht bekannt, auf welch schändliche Art die Leunaarbeiter, die in Cröllwitz liegen, gemordet worden sind. Unrichtig ist die Annahme, daß die Arbeiter von der Schutzpolizei, die im Auftrag der Landesregierung handelte, erschossen wurden. Diese Arbeiter sind in der Mehrzahl von faschistischem Gesindel, das die Arbeiter verfolgte, niedergeschlagen, sogar einige beim Durchschwimmen der Saale erschossen worden.*

*Der Unterzeichnete hat also sachlich recht, daß die Leunaarbeiter 1921 im wahrsten Sinne des Wortes gemeuchelt wurden."*[114]

112 Knatz: *„Ein Heer im grünen Rock"?*, S. 164 ff.

113 Weber: *Ein kommunistischer Putsch?*, S. 163.

114 Dokumentiert im Reader, *80. Jahrestag der Märzkämpfe in Leuna*. Gemeinsame Konferenz des Vereins zur Förderung von Kultur, Wissenschaft und politische Bildung in Sachsen-Anhalt e. V. und der PDS-Stadt/Kreisverbände Halle, Burgenlandkreis, Mansfelder Land, Merseburg-Querfurt, Saalkreis und Weißenfels-Hohenmölsen am 17. März 2011, S. 20/21.

Die Silos des Leuna-Werks. Im Jahr 1921 werden hier gefangene Aufständische zwei Wochen eingepfercht.

Rund 1.800 Arbeiter werden von Polizisten in Leuna und Umgebung gefangen genommen und in zwei leere Silos auf dem Werksgelände gesperrt. In diesen fensterlosen Betonkammern bleiben die Gefangenen tagelang eingepfercht und werden pausenlos zu Verhören geführt.

Am 30. März wollen vier junge Arbeiter eine Befreiungsaktion starten, ihr Plan misslingt. Zwei von ihnen werden erschossen und zusammen mit sieben gefallenen Aufständischen auf dem Gänseacker bei Leuna-Kröllwitz verscharrt, da sich der örtliche Gemeindepfarrer weigert, die Toten auf dem Friedhof zu bestatten.

# Gröbers

Am Tag des Leuna-Sturms hebt die Polizei um 21 Uhr die ‚Kampfleitung' der VKPD in der Halleschen Reilstraße aus, wobei zwei Kommunisten erschossen werden.[115] Als Kommandozentrale spielt die ‚Kampfleitung' nie eine Rolle, Planungen und Befehle aus der Reilstraße werden meist ignoriert. Eine wichtige Funktion erfüllt die Zentrale dennoch, denn hier werden sämtliche Telefongespräche der Schupo in Halle abgehört und die gewonnenen Informationen durch einen gut funktionierenden Kurierdienst ins Aufstandsgebiet übermittelt. Und zumindest in einem Fall führt eine Kampfgruppe auch einen Auftrag der ‚Kampfleitung' aus, und zwar in Bitterfeld.

Seit dem 24. März sind in dem nordöstlich im Regierungsbezirk Merseburg gelegenen Industrierevier viele Betriebe in den Streik getreten, ansonsten bleibt es ruhig. Bis Gerhard Thiemann, Angehöriger des militärischen Apparates der VKPD, aus Halle die Weisung bekommt, die bewaffnete Aktion auszulösen. Unter Thiemanns Leitung überfallen bewaffnete Trupps aus Bitterfeld und dem benachbarten Holzweißig in der Nacht zum Ostersonntag, dem 27. März, die kommunale Polizei und verjagen die Beamten. Das Rathaus in Bitterfeld wird gestürmt, Amtsgericht, Post und Bahnhof besetzt. In der Nacht zum 28. März ziehen die Aufständischen in südlicher Richtung nach Leuna ab. Dort sollen die Bitterfelder als ‚Nordfront' gegen Halle wirken, was aufgrund ihrer geringen Zahl – es ist von 80 Kämpfern auszugehen[116] – illusorisch ist. Ihr Auftrag wird deshalb geändert. Die neue Aufgabe besteht darin, als Entsatz für die Leuna-Werke

115 Knatz: *„Ein Heer im grünen Rock"?*, S. 170.

116 Laut einiger Zeitzeugen sollen es bis 300 Mann gewesen sein. Diese Zahl ist sicher übertrieben.

Eines der wenigen Fotos von bewaffneten Aufständischen im Mitteldeutschen Aufstand zeigt die Bitterfelder Arbeiterwehr. Außer den geschulterten Gewehren wird ein MG mitgeführt. Ein Teil der Rebellen trägt rote Armbinden.

zu wirken.[117] Als die Bitterfelder den Ort Gröbers, 17 Kilometer vor Leuna, erreichen, haben die Polizeihundertschaften den Industriekomplex bereits eingeschlossen, gleichzeitig wird die Hoelz-Truppe bei Ammendorf zerschlagen.

Für die Versprengten aus Ammendorf wird Gröbers zum Sammelpunkt. *„Darauf zogen die Auseinandergetriebenen nach Gröbers, besetzten am 28. das dortige Werk - Grube Klara - und befestigten es und Teile des Dorfes mit leichten und schweren Maschinengewehren und einem Minenwerfer und durch Schützengräben. Namentlich sicherten sie die von Halle kommende Straße. (am 28.) In der Nacht zum 29. erhielten sie Zuzug von Bitterfeld her, so dass ihre Zahl auf über 400 stieg. Aus den Vorgängen aus Ammendorf hatten sie gelernt und sicherten sich in Gröbers gegen einen Überfall. Bis weit in die Nacht hinein hörten wir Lastkraftwagen mit den neuen Zuzüglern am Pfarrhause vorüberfahren.“*[118]

117 Knatz: *„Ein Heer im grünen Rock“?*, S. 174.

118 Klemann, Adalbert, Sup. a. D.: *Aus Leben und Amt. Band 3*, Osmünde 1921.

Am 27. März 1921 stürmen ca. 100 rote Rebellen das Bitterfelder Rathaus. Einschüsse an der Eingangstür zeugen, nebst Erinnerungstafel, bis heute von den Märzkämpfen.

Das Kommando in Gröbers übernimmt Gerhard Thiemann, der sein Hauptquartier im Gasthaus ZUM HIRSCH an der Straße von Halle nach Leipzig einrichtet. Er lässt den Ort militärisch sichern. Strategisch wichtige Punkte und die Ortsausgänge in Richtung Halle und Merseburg werden besetzt, zwei MGs in Position gebracht. Darüber hinaus wird in der Schule eine Sanitätsstelle eingerichtet, Schützengräben ausgehoben und Straßenbeläge aufgerissen.

In Gröbers und den umliegenden Dörfern gibt es eine große, vorwiegend links orientierte Arbeiterschaft. Besonders trifft das auf die Belegschaft der BRAUNKOHLENGRUBE CLARA und der angeschlossenen Elektrozentrale der CHEMISCHEN FABRIK BUCKAU zu. Das kommt jetzt, wo die meisten Einwohner und Einwohnerinnen davon ausgehen, dass Gröbers von den Hoelz-Truppen besetzt worden ist, besonders zum Tragen.

Thiemann lässt für den 29. März eine Versammlung auf dem Schachtplatz in Gröbers ankündigen. Mit Flugblättern werden alle waffenfähigen Männer zwischen 20 und 40 Jahren aufgerufen, sich den Aufständischen anzuschließen. Diese Aufrufe sind mit dem offiziellen Dienstsiegel des kommunistischen Ortsvorstehers aus Osmünde, Bruno Mosenhauer, versehen. Der Ortsvorsteher besiegelt damit sein Schicksal, denn am Morgen des 29. März versammeln sich mehrere hundert Arbeiter auf dem Schacht-

Die *Braunkohlegrube Clara* bei Gröbers.

platz. Sie beschließen in den Streik zu treten. Noch während der Versammlung werden anrückende Polizeitruppen aus Richtung Halle gemeldet.[119]

Von der Truppenansammlung in Gröbers erfährt die Polizei nur gerüchtehalber und das Polizeikommando in Halle unterschätzt die Lage. Ohne Rücksprache mit der Polizeileitung erhält die *Technische Hundertschaft Halle* den Befehl, Gröbers von *„anscheinend schwachen roten Garden zu säubern"*[120]. Gleichzeitig mit dem Sturm auf die Leuna-Werke beginnt der Polizeieinsatz in Gröbers.

Der kommandierende Polizeihauptmann Maaß erhält gegen 8:30 Uhr die Nachricht, dass die Aufständischen sich *„noch in der Formierung befänden"*. Sofort will Maaß einen Überraschungsangriff starten *„Er fuhr deshalb beschleunigt gegen Gröbers vor und entwickelte, als die Hundertschaft um 10 Uhr auf der Chaussee auf etwa 600 m aus dem Orte Feuer erhielt, seine Hundertschaft. Der entlang der Chaussee vorgehende 1. Zug ... erhielt sofort heftiges M.G.- und Gewehrfeuer, sowohl aus dem Orte selbst wie von dem nördlich der Chaussee liegenden Bahndamm und kam nicht weiter."*[121]

119 Arbeitskreis Döllnitz e. V.: *Au(g)enblicke, Band 2*; Halle/Saale 2012, S. 350 ff.

120 Zit. in: Knatz: *„Ein Heer im grünen Rock"?*, S. 175.

121 Drobnik, Walter: *Der mitteldeutsche Aufstand 1921.* Lübeck/Berlin/Hamburg 1922, S.113 ff.

In dem fast deckungslosen Gelände fahren die Polizisten ins Kreuzfeuer der Rebellen. *„Am 29. versuchte hallische Sicherheitspolizei in derselben Weise gegen Gröbers vorzugehen wie gegen Ammendorf. Als sie jedoch in ihren Kraftwagen angejagt kamen, schlug ihr etwa 1.000 Meter vor dem Orte Maschinengewehrfeuer entgegen, so dass sie gezwungen war, in Stellung zu gehen. Nun entspann sich ein regelrechtes Gefecht und währte von ein halb 11 Uhr bis gegen 2 Uhr. Vom Kirchturme aus konnten wir es ziemlich gut beobachten.“*[122]

Beim weiteren Angriff der Hundertschaft fällt ihr Minenwerfer aus, was die Polizeiaktion zum völligen Desaster werden lässt *„Die Arbeiter ließen die Truppen bis auf zweihundert Meter an sich herankommen und eröffneten aus zwei Maschinengewehren ein solch vernichtendes Feuer, daß die Angreifer, unter Zurücklassung einer Anzahl Toter, auf einem Auto den schleunigen Rückzug antraten. Die Arbeiter verloren hierbei den Maschinengewehrschützen, der durch einen Halsschuß tödlich verwundet wurde. Es wurden in diesem Kampfe zwei Maschinengewehre, ein Minenwerfer mit viel Munition und zwei Lastautos erbeutet. Acht gefallene Sipos wurden nach dem Spritzenhause geschafft und ein Siposoldat, der seinen schwerverwundeten Kameraden nicht im Stiche lassen wollte, gefangen genommen.“*[123]

Insgesamt fallen elf Polizisten, darunter zwei Offiziere und zehn Schupos werden verwundet. Gröbers wird zur schwersten Niederlage der Polizei während des Mitteldeutschen Aufstands. Erst nach diesem Gefecht treffen Max Hoelz und Joseph Schneider am Ort ein. Hoelz übernimmt das Kommando und lässt den Bahnhof besetzen. Alle Züge aus Richtung Halle und Leipzig werden gestoppt, kontrolliert und nach Uniformierten durchsucht. Einige Reichswehrsoldaten werden von den Aufständischen festgesetzt. *„In der Nacht zum 30. traf weitere Verstärkung bei den Aufständischen ein. Sie haben zwar keine Gewalttaten verübt, aber von den Gutshöfen in Gröbers und den benachbarten Orten Vieh zum Schlachten und Lebensmittel geholt.“* [124]

122 Klemann, Sup. a. D.: *Aus Leben und Amt. Band 3*, Osmünde 1921.

123 Schneider, Josef: *Die blutige Woche im Mansfelder Land*, Wien 1922, S. 52.

124 Klemann, Sup. a. D.: *Aus Leben und Amt. Band 3*, Osmünde 1921.

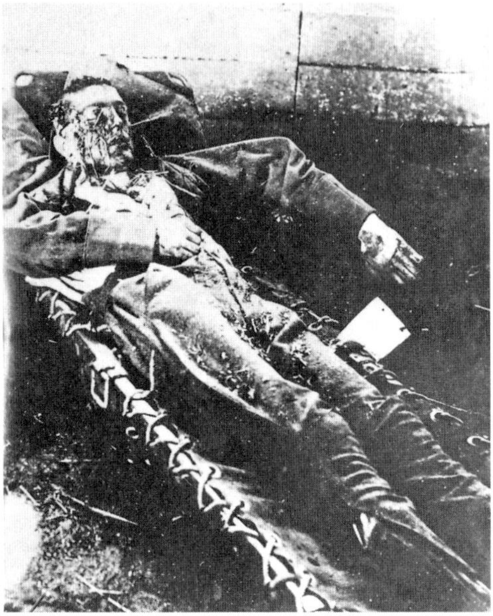

Polizeileutnant Suchla, Technische Hundertschaft, 2. Abteilung. Gefallen durch Kopfschuss am 29.3.1921 bei Gröbers.

Über das Diensttelefon des Bahnhofs erfahren die Rebellen von der Erstürmung der Leuna-Werke und leiten umgehend ihren Abzug ein. Die Eisenbahnstrecke wird vollständig gesperrt, Telefon- und Telegrafenverbindungen unterbrochen. *„[...] etwa halb 4 Uhr nachmittags erhielt ich die Nachricht (30.), dass die Bande zum Aufbruch rüste. Vermutlich hatte sie Kundschaft von einem Unternehmen gegen sie erhalten und wollte den einzigen ihr noch offen stehenden Weg aus dem sich um sie zu ziehenden Netze benutzen, den Weg über Osmünde nach Wiedersdorf und weiter nach Norden. So zog denn um halb 5 Uhr die ganze Bande mit 18 Wagen, mit acht Maschinengewehren und einem Minenwerfer beladen, zwei Feldküchen, ein Sanitätsauto, geleitet von einer Menge Bewaffneter zu Fuß und zu Rad, eine richtige kleine Heeresabteilung, an unserem Gehöft vorüber. In dem Auto soll der berüchtigte Hoelz gefahren sein, jedenfalls führte er die Bande."*[125] Als am 31. März eine Polizeistreife Gröbers durchkämmt, findet sie die toten Polizeibeamten. Acht Leichen weisen schwere Verstümmelungen auf. Offensichtlich wurde mit Beilen auf sie eingeschlagen, Ohren und Nasen sind abgeschnitten, Augen ausgestochen, Goldplomben aus den Gebissen gebrochen. Wie ein Lauffeuer verbreitet sich diese Nachricht, besonders unter den eingesetzten Polizisten und heizt die Stimmung gegen die Aufständischen an. Der Tat verdächtigt wird der kommunistische Ortsvorsteher von Osmünde, Bruno Mosenhauer, der nicht auffindbar ist. Die Polizei

125 Ebenda.

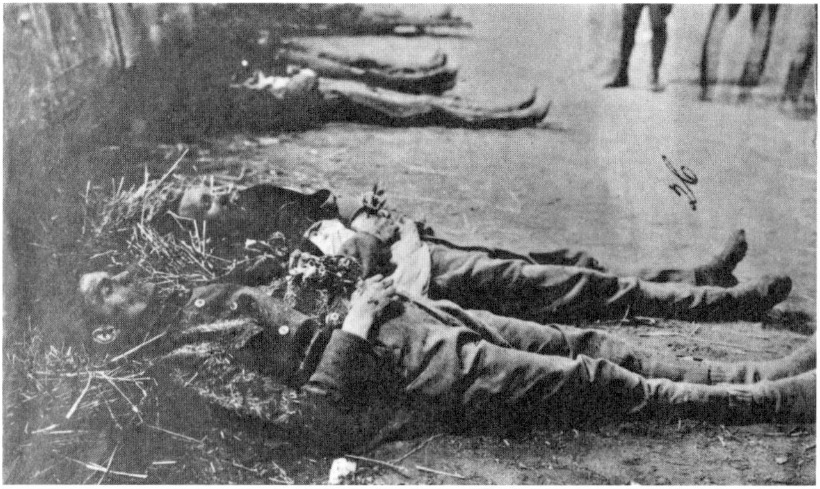

Bei Gröbers gefallene Polizisten.

geht davon aus, dass er sich abgesetzt hat. Doch Mosenhauer ist nach Abzug der Hoelz-Truppe im Dorf geblieben und meldet sich bei der Polizei. Er will die Leichen übergeben und deren persönlichen Wertsachen aushändigen. Als er sich den Polizeiführern als Ortsvorsteher vorstellt, wird ihm vorgeworfen, die Verstümmlungen nicht verhindert zu haben. Mosenhauer wird festgenommen. Kurz darauf nimmt Unterwachtmeister Böhm seinen Karabiner, führt den Gefangenen auf ein Feld und erschießt ihn. Böhm gibt die Tat vor Gericht unumwunden zu, er sei wegen der verstümmelten Leichen erregt gewesen und habe außerdem den Verdacht gehabt, dass Mosenhauer fliehen wollte. Er sagte aus: *„als ich sah, daß der Ortsvorsteher übers Feld ging, riß ich einem neben mir stehenden Beamten den Karabiner weg und schoß, in der Annahme, daß er fliehen wollte. Ich hatte nicht ‚Halt' gerufen."*[126] Der Unterwachtmeister wird freigesprochen. Während auch der Landarbeiter Otto Goldstein wegen der Verstümmlungen verhaftet wird. Polizisten nehmen ihn im Haus seiner Großmutter fest. Laut Zeitzeugen foltern ihn die Schupos, indem sie ihn auf eine heiße Herdplatte setzen.[127] In Haft gibt Goldstein zu, gemeinsam mit seinem Bruder Paul, der später in den

126 Gumbel, Emil Julius: *4 Jahre politischer Mord*, Berlin 1922, S. 68.

127 Dörheit, Peter: Mail an den Autor, Osmünde 2022.

Einweihung des Ehrenmals für die 14 gefallenen Schutzpolizeibeamten in Eisleben. Das Denkmal wird nach dem Zweiten Weltkrieg entfernt.

Kämpfen fällt, die Verstümmelungen durchgeführt zu haben. In seiner Aussage erklärt Goldstein, dass einige verletzte Polizisten noch gelebt hätten. Ob dies tatsächlich der Wahrheit entspricht, lässt sich nicht mit letzter Sicherheit klären. Dass Goldstein *„durch keinerlei Zwangsmittel zu diesem Geständnis gebracht worden ist, sondern nur durch geschickte Fragestellung überführt wurde"*, wie es im Vernehmungsprotokoll heißt, muss allerdings bezweifelt werden. Die Reaktion ist jedenfalls eindeutig: *„Sowohl auf dem Transport wie auch in der Kaserne konnte G. nur mit Mühe der Lynchjustiz entzogen werden und auch den Beamten stand die helle Aufregung und das Entsetzen über diese Bestialität in den Augen."*[128] In Haft stirbt Goldstein wenig später, Herzversagen heißt es.[129]

128 Bundesarchiv, Reichskom. f.d. Überwachung d. öffent. Ordnung u. Nachrichtensammelstelle im RM I. Nr. 2827/21.II., Bericht vom 23. April 1921, Bericht über Verstümmelungen von Polizeibeamten bei Gröbers, Blatt 283/284.

129 Siehe auch: Knatz: *„Ein Heer im grünen Rock"?*, S. 175 und S. 202 ff.

## Die Zerschlagung der bewaffneten Gruppen

Die Ereignisse in Gröbers spielen für die Gesamtlage im mitteldeutschen Revier nur eine untergeordnete Rolle. Insgesamt ist das massive Vorgehen der Polizei erfolgreich und die Tage ab dem 29. März sind vom Abflauen der Streik- und Aufstandsbewegung geprägt. Bedrohlich bleiben zu diesem Zeitpunkt nur noch zwei bewaffnete Gruppen an der Peripherie des Aufstandsgebiets, die Truppe um Max Hoelz und die Leuna-Flüchtlinge unter Paul Bowitzky und Albert Krone. Der Gruppe Bowitzky/Krone gelingt es, das Geiseltal zu durchqueren und sich anschließend in das südlich des Mansfelder Landes gelegene Unstruttal abzusetzen. Noch etwa 150 Mann sind zusammen, allerdings haben nicht mal die Hälfte Gewehre, dazu ist kaum Munition vorhanden. Um dem Abhilfe zu schaffen, will sich die Gruppe nach Suhl durchschlagen.

Am 30. März, gegen 10 Uhr, erreichen die Männer die Ortschaft Wiehe im Kreis Eckartsberga. Sofort besetzen die Aufständischen die Stadtzugänge und postieren auf dem Kirchturm der St. Bartholomäus-Kirche ein Maschinengewehr. Damit steht Wiehe unter ihrer Kontrolle. Die Freischärler brauchen vor allem drei Dinge: Lebensmittel, Waffen und Geld.

In der Stadt werden Lebensmittel beschlagnahmt und besonders im Schloss der Familie von Werthern Wertsachen requiriert. Hinzu werden am Morgen des 31. März Oberpfarrer Dr. Schelowski und ein Mitglied der Familie von Werthern in Geiselhaft genommen.

Die Familie von Werthern ist verreist, ein anwesender Verwandter wird stattdessen zusammen mit dem Oberpfarrer festgenommen. Bei der RÜLKE'SCHEN GASTSTÄTTE am Markt binden die Rebellen ihre Geiseln auf ein Pulverfass und fordern ein Lösegeld von 100.000 Mark mit der Drohung: *„sonst*

Originale Bildbeschreibung: *„Abtransport des Kommunistenführers Böttcher durch Polizei-Wachtmeister Meisterknecht.“*

*geht der Pfarrer hoch zum Chef“*[130]. Die Einschüchterung wirkt. Bis 11 Uhr hat die Pfarrersfamilie 60.000 Mark aus dem Ort zusammengebracht und die Geiseln kommen frei. Dieses Vorgehen in Manier einer Räuberbande versetzt große Teile der Einwohnerschaft in Angst und Schrecken. Es gibt aber auch Sympathie für die Sache des Aufstandes. Unzweifelhaft stammen einige Beteiligte der Truppe aus Wiehe, wahrscheinlich schließen sie sich jetzt noch freiwillig den Rebellen an.

Gegen Abend, als die Nachricht eintrifft, dass Polizeieinheiten aus Erfurt Richtung Wiehe unterwegs sind, ziehen die Freischärler weiter. Kurz vor Mitternacht erreichen sie Bachra, wo sie Quartier nehmen.

In der Nacht kreisen zwei Fußhundertschaften und eine berittene Halbhundertschaft der Erfurter Schupo unter Major Werner Calov die Schlafenden ein. Ohne den Versuch zu unternehmen, die Eingeschlossenen zur Aufgabe zu bewegen, lässt Calov am frühen Morgen angreifen. Dem massiven Vorgehen der Schupo mit Karabinern und Maschinengeweh-

130 Zit. in: Gottfried Braatsch: *Wie es eigentlich gewesen ist. Die Märzkämpfe in Wiehe*, Unveröffentlichtes Skript, 2011.

ren können die Überrumpelten im ersten Moment nur mit heftigem, planlosem Feuer begegnen. Der ungezielte Kugelhagel reicht, um einen Handstreich der Erfurter Polizei-Hundertschaften zu vereiteln. Beim folgenden Kampf geht es für die Aufständischen um alles oder nichts. Die Konfrontation steigert sich zum Nahkampf, in dem Handgranaten und geschliffene Spaten zum Einsatz kommen.[131] Nach offizieller Darstellung dauert das Gefecht zwei Stunden. Acht Aufständische, nach Polizeiangaben 15, sind gefallen; neben Kraftfahrzeugen können 43 Gewehre und vier Maschinengewehre sichergestellt werden. Die Abteilung Calov, die keine Verluste zu verzeichnen hat, legt eine Liste von den 63 festgenommenen Aufständischen an. Aus ihr geht hervor, dass der jüngste Gefangene 15 Jahre alt ist.[132]

Paul Bowitzky, einem der Anführer der Gruppe, gelingt es, schwer verwundet zu entkommen. Sein Sohn berichtet: *„Ich weiß weiter, und das ganz bestimmt, daß er in Bachra siebenmal verwundet wurde. Wie er erzählte, stand er hinter einer dicken Linde in Deckung. Die Kugeln eines Maschinengewehrs gingen durch den Baum und drangen in seinen Körper ein, ohne große Wucht und ohne wieder auszutreten. Ich habe später die Narben alle gesehen und auf einer Röntgenaufnahme sechs Kugeln, die sich verkapselt hatten. Die siebente Kugel streifte die rechte Schulter[...]Ein Gutsarbeiter nahm ihn zunächst auf, später konnte er sich in Gotha bei Genossen gesundheitlich ausheilen. Dann ging er unter falschem Namen nach Berlin, wo er beim Konsumverband Berlin-Lichtenberg als Beifahrer Arbeit fand."*[133]

Die letzte nennenswerte Gruppe des Mitteldeutschen Aufstandes führt Max Hoelz. Verzweifelt sucht er einen Weg, um aus dem sich immer enger zuziehenden Ring von Reichswehr und Schupo zu entkommen. Meist aufgeteilt in zwei Kontingente, marschieren die letzten 500 Mann durch das Hallesche Umland und halten sich mit Requirierungen in klei-

131 Der ehemalige Ortspfarrer von Wiehe, Gottfried Braasch, der noch viele Männer kennenlernte, die am Aufstand beteiligt waren, berichtet dem Autor im Jahre 2011, dass einer von ihnen zeitlebens eine große Narbe quer über das Gesicht trug, die von dem Spatenhieb eines Polizisten in Bachra stammte. Ebenso beruht die Schilderung der Vorgänge in Wiehe zum größten Teil auf den Ausführungen von Gottfried Braasch.

132 Knatz: *„Ein Heer im grünen Rock"?*, S. 179.

133 Aus einer Mail von Klaus Bowitzky, dem Enkel von Paul Bowitzky, an den Autor vom 18.5.2011.

Gefangene Aufständische werden in Eisleben abgeführt.

neren Ortschaften über Wasser. Am 30. März wird dabei ein Gutsbesitzer im Dorf Roitzschgen bei Landsberg erschossen. Die bürgerliche Presse kritisiert die Polizei daraufhin für ihr angeblich zu zögerliches und defensives Vorgehen. Doch die Polizeileitung verfolgt Hoelz nicht blindlings, sondern wartet auf die Gelegenheit zum finalen Schlag. Diese bietet sich, als die Hoelz-Truppe in der Nacht zum 1. April die Saale überschreitet und sich im Gutshof Beesenstedt, 12 Kilometer von Eisleben, einquartiert.

Am Morgen des 1. April rücken fünf Hundertschaften auf den Gutshof vor, während eine weitere Hundertschaft den Fluchtweg versperrt und 60 Polizisten der Anhaltinischen Schutzpolizei an der Saale Wache stehen.

Am frühen Nachmittag eröffnen Schüsse der mitgeführten Halbbatterie das Gefecht. In einer Zangenbewegung wird die Hoelz-Gruppe völlig aufgerieben. Amtlich heißt es: *„Die von zwei Seiten bei Beesenstedt gestellten Banden, die sich inzwischen auf etwa 500 Kämpfer verstärkt hatten, verloren im Gefecht, das sich nunmehr entwickelte, ihre gesam-*

*te Gefechtsbagage (31 Fahrzeuge), sowie fast restlos ihre Waffen (fünf Maschinengewehre, sechs Maschinengewehrpistolen, 150 Gewehre, einen Panzerkraftwagen, einen Lastwagen und zwei leichte Minenwerfer). Der Gegner verlor hierbei 18 Tote und 19 Gefangene, die teilweise verwundet waren. Auch hier hatte Hoelz persönlich geführt, unterstützt von Schneider. Eine Anzahl Aufrührer entkam über die Saale. Sechzig von ihnen wurden am Tage durch die anhaltinische Schutzpolizei an der preußischen Grenze bei Unterpreisen gefangen genommen, vierzig andere in der Gegend von Löbejün festgenommen.“*[134] Die Polizei hat im Gefecht von Beesenstedt keine Verluste.

Nach der Zerschlagung der bewaffneten Gruppen und der bereits am 29. März zusammengebrochenen Streikbewegung, wird die Region auf der Suche nach Verdächtigen und Waffen mehrere Wochen systematisch von der Polizei durchkämmt.

Zu jenen, die auf der Flucht sind, gehören Max Hoelz und sein Adjutant Josef Schneider. Hoelz wird am 16. April 1921 in Berlin festgenommen, Schneider setzt sich nach Moskau ab und wird in Abwesenheit wegen Hochverrats, Mordversuchs, Freiheitsberaubung und schweren Raubes angeklagt. Nach einer Amnestie im Jahr 1928 kehrt er nach Deutschland zurück.[135]

134 Zit. in: Hoelz: *Vom ‚Weißen Kreuz‘ zur roten Fahne*, S. 170 ff.

135 Im Jahr 1932 geht Schneider endgültig in die Sowjetunion, 1933 folgen ihm seine Frau und seine Tochter. Am 5.11.1936 wird er vom NKWD verhaftet. Der ‚konterrevolutionären trotzkistisch-faschistischen Tätigkeit‘ bezichtigt wird der deutsche Revolutionär am 10.7.1937 von einem NKWD-Sondertribunal zu fünf Jahren Arbeitslager verurteilt. Infolge von Unterernährung und fehlender medizinischer Betreuung stirbt Josef Schneider am 18.11.1939 elend im Lager. Siehe: Bundesstiftung zur Aufarbeitung der SED-Diktatur, Biographische Datenbank: Josef Schneider.

## Kurswechsel

Mit dem Mitteldeutschen Aufstand manövrieren sich die Kommunist*innen in eine schwere Krise. Besonders hart trifft es die Parteien in Mitteldeutschland. Laut Jenaer VKPD-Parteitag im August 1921 kommen 61 Parteimitglieder in den Kämpfen ums Leben. Insgesamt sind 145 Aufständische gefallen, zwei vermisst, eine ungekannte Zahl verwundet.[136]

Hinter der Statistik stehen die Einzelschicksale: Familien, die ihre Väter verlieren und dadurch mittellos werden; in den Kämpfen Verwundete, die Invaliden bleiben; von der Polizei gesuchte, die untertauchen müssen; Streikende, die in ‚schwarze Listen' eingetragen werden und keine Arbeit mehr finden. Ein Beispiel geben die Leuna-Werke, wo die BASF mit der Totalentlassung der Belegschaft reagiert. Ab dem 2. April beginnt eine handverlesene Wiedereinstellung. Bewerber müssen von nun an ein polizeiliches Führungszeugnis vorlegen und ein Vertragswerk von 14 Punkten unterzeichnen. In den neu aufgestellten Grundsätzen heißt es, dass *„in der Regel alle Arbeiter unter 25 Jahren; sämtliche Mitglieder des Aktionsausschusses“* sowie *„diejenigen, die schon vor dem Streik sich gegen die Ordnung im Betrieb aufgelehnt haben“*[137] von der Wiedereinstellung ausgeschlossen sind. Über Jahre bleibt der kommunistische Einfluss in den Leuna-Werken wie in der gesamten Region geschwächt.

In den Kämpfen fallen auch 35 Schupos, einer bleibt vermisst und 67 verwundete Polizisten werden gezählt.[138] Viele Gebäude haben die Aufrührer gesprengt, Wohnungen und Geschäfte geplündert und große Schäden

136 Werner T. Angress: *Die Kampfzeit der KPD 1921 – 1923*, S. 202.

137 Zit. in: Stefan Weber: *Ein kommunistischer Putsch? Märzaktion 1921 in Mitteldeutschland*, S. 295.

138 Angress: *Die Kampfzeit der KPD 1921 – 1923*, S. 203.

angerichtet, dazu Menschen als Geiseln genommen und Geld erpresst. Für diejenigen, die in die Pistolenläufe blicken und sich mit dem Tode bedroht sehen, sind das traumatische Erlebnisse, die sie ihr Leben lang nicht vergessen. All das geht auf das Konto von VKPD und KAPD. Dem entsprechend wendet sich die öffentliche Meinung gegen die Kommunist*innen, die politisch isoliert sind. Der Mitgliederstand der VKPD sinkt von 359.000 zu Beginn der Märzaktion auf 180.443 im Sommer 1921.[139]

Den Gefangenen des Mitteldeutschen Aufstands gegenüber erweist sich die Weimarer Republik als bürgerlicher Rechtsstaat. Von den 6.000 Inhaftierten[140] werden nach zeitnaher Überprüfung 2.000 ohne Anklage wieder freigelassen und mehr als 500 freigesprochen. Die restlichen 3.470 Gefangenen werden ab dem 29. März von preußischen Sondergerichten zu Haftstrafen verurteilt. Außer den Urteilen gegen Max Hoelz und Willy Günther wegen des Mordes am Gutsbesitzer Heß, werden alle Urteile im folgenden Jahr durch zwei Amnestiegesetze außer Kraft gesetzt.[141]

Neben den ‚einfachen' Kämpfern wird der KPD-Vorsitzende Heinrich Brandler zu fünf Jahren Festungshaft[142] verurteilt. Brandler kann sich aber in die Sowjetunion absetzen, wo er sich bis zu seiner Amnestierung im Jahr 1922 aufhält. Max Hoelz wird zu einer lebenslangen Zuchthausstrafe verurteilt und 1928 amnestiert.

Als Fazit bleibt, dass VKPD und KAPD, in den Diensten der Moskauer Zentrale, eine von vornherein verlorene, bewaffnete Putschaktion initiiert haben. Paul Levi macht das mit seiner Broschüre *Unser Weg. Wider dem Putschismus* öffentlich und bezieht gegen die Märzaktion Stellung. Postwendend wird er im April 1921 aus der KPD ausgeschlossen. Auch gegen andere ‚Leviten', wie dieser Flügel im Parteijargon genannt wird, werden ‚Disziplinierungsmaßnahmen' eingeleitet.

139 Bericht über die Verhandlung des 8. Parteitages der KPD in Leipzig vom 28. Januar bis 1. Februar 1923; nach Flechtheim: *Die KPD in der Weimarer Republik*, S. 163, sinkt die Zahl der Mitglieder auf 150.000.

140 Bericht über die Verhandlung des III. (8.) Parteitages der KPD in Leipzig vom 28. Januar bis 1. Februar 1923, S.103. Siehe: Angress: *Die Kampfzeit der KPD 1921 – 1923*, S. 204.

141 Ein Amnestiegesetz erließ das Reich am 21.7.1922, das andere Preußen am 26.7.1922.

142 Eine besondere Form der Freiheitsstrafe aus dem 19. Jahrhundert. Die Festungshaft galt als ‚Ehrenvolle Strafe' ohne Arbeitszwang und einer Reihe von Privilegien. In der Bundesrepublik abgeschafft.

Vor dem III. Weltkongress der KOMINTERN, der vom 22. Juni bis zum 12. Juli 1921 stattfindet, scheinen damit in der KPD die Fronten geklärt und die Parteiführung erwartet vom Zentralkomitee eine Bestätigung ihrer Politik. Aber Lenin, der eingesehen hat, dass sich Russland erst einmal wirtschaftlich vom Bürgerkrieg erholen muss, propagiert die NEUE ÖKONOMISCHE POLITIK (NEP) und sucht die Normalisierung in den Beziehungen mit den kapitalistischen Staaten. Somit löst die NEP, die von 1918 bis 1921 dauernde Epoche des Kriegskommunismus ab. Von nun an gilt es, die kommunistische Weltrevolution erst einmal zurückzustellen, weshalb die KPD-Führung für die Märzaktion abgekanzelt wird. Die Rolle der russischen EKKI-Vertreter kommt nicht zur Sprache. Lenin verurteilt lediglich Béla Kun, revidiert die bisherige Linie und verwirft die ‚Offensivstrategie'. Beim Parteiausschluss von Levi bleibt es, denn die Generallinie der Partei hat man nicht öffentlich zu kritisieren. Auch gegen andere so genannte ‚Rechtsabweichler' wird eine härtere Gangart angeschlagen, was zu weiteren Parteiausschlüssen und Austritten führt.[143] Im Verlauf dieses Prozesses stellt sich die KPD immer weiter unter die Kontrolle der Moskauer Zentrale.

Eine politische Anregung von Levi aus dem Frühjahr 1921 spielt auf dem III. Weltkongress der Komintern und für die zukünftige Politik der KPD dennoch eine wichtige Rolle, denn in einem offenen Brief plädiert der abgesetzte Vorsitzende für eine Zusammenarbeit mit anderen linken Parteien. Doch was Lenin daraus macht und als ‚Einheitsfrontpolitik' unter dem Slogan *„Heran an die Massen"* für die Komintern propagiert, verfolgt einen anderen Grundgedanken: Die kommunistischen Parteien sollen versuchen mit der Basis anderer Parteien zusammen zu arbeiten, ohne mit den Parteien selbst zu koalieren. Es geht also nicht um eine gleichberechtigte Bündnispolitik, sondern um die Dominanz der kommunistischen Linie. Die Tagespolitik ist nur Mittel zum Zweck. Dieses unaufrichtige Moment in der ‚Einheitsfrontpolitik' bleibt eine ständige Dissonanz. Für die Akteure und Akteurinnen vor Ort entsteht daraus eine

143 Auch Ernst Däumig, der bereits im Februar 1921 zusammen mit Paul Levi als Co-Vorsitzender der KPD wegen Kritik an der Offensivstrategie von seinem Posten zurückgetreten war, verlässt die Partei. Er wird Teil der KAG (*Kommunistische Arbeitsgemeinschaft*) und arbeitet in der Redaktion ihrer Publikation *Unser Weg*. Im April 1922 tritt Däumig mit der Mehrheit der KAG in die SPD ein. Er verstirbt im selben Jahr.

Nach dem Mitteldeutschen Aufstand ändert die Kominten bzw. die KPD ihre politische Linie. Von nun an verfolgt die Partei die Einheitsfrontstrategie, mit der sie vor allem SPD-Mitglieder auf ihre Seite ziehen will. Gemeint ist eine politische Initiative unter Führung der KPD, kein gleichberechigtes Miteinander. Während der gesamten Zeit der Weimarer Republik bleibt es bei dieser Linie. Auch die 1932 ins Leben gerufene *Antifaschistische Aktion* folgt der Einheitsfrontstrategie. Plakat aus dem Jahr 1923 von Rudolf Schlichter für eine KPD-Konferenz in Frankfurt am Main.

komplizierte Situation, denn in der Praxis lässt sich nicht immer sagen, ob es sich um eine Zusammenarbeit oder eine Koalition handelt. Letztlich bestimmt das die Komintern bzw. das EKKI in Moskau. Wenn die Parteimitglieder also keine Fehler machen wollen, sind sie gezwungen, jeden ihrer Schritte von der Zentrale absegnen zu lassen.

Für den abgetauchten Brandler übernimmt vorübergehend Ernst Meyer die Parteiführung, der versucht, die Komintern-Vorgabe *„Heran an die Massen"* umzusetzen und eine ausgleichende Politik in der Partei zu fahren. Das scheint angezeigt, denn neben allen sonstigen Schwierigkeiten, bildet sich in der Partei eine linke Opposition junger Intellektueller um Ruth Fischer und Arkadi Maslow gegen die ‚Einheitsfrontpolitik'. Diese Opposition fordert einen aggressiveren Kurs und die Rückkehr zur ‚Offensivstrategie'. Auch Ernst Thälmann aus Hamburg, der Ende 1920 mit dem linken Flügel der USPD zur KPD gekommen ist, schließt sich dieser Strömung an. Paul Levi, der sich weigert, sein Reichstagsmandat niederzulegen, bildet mit einigen anderen ehemaligen KPDlern die KAG (Kommunistische Arbeitsgemeinschaft). Es handelt sich dabei um einen Zusammenschluss einiger Parlamentarier, nicht um eine Partei. Im Frühjahr 1922 tritt die KAG der USPD bei.

Am 2. Mai 1920 nimmt die KPD zum ersten mal an Wahlen teil. Das Plakat zeigt, das es der Partei nicht um parlamentarische Arbeit geht sonder um ihr revolutonäres Maximalprogramm. In Verzerrung der Wirklichkeit ist SPD winzig dargestellt, während die KPD unter Waffen als mächtige Kraft erscheint. Ohnehin krebst die SPD nur am Boden herum und leckt die blutigen Stiefel des Militärs. Dahinter das Kapital, personifiziert durch Hugo Stinnes. Plakat von Rudolf Schlichter.

# Organisierter Bandenkampf

Geradezu verheerend wirkt sich die Niederlage im Mitteldeutschen Aufstand auf die KAPD aus. Viele führende Kader sind tot, im Gefängnis oder auf der Flucht. Vor allem aber setzen infolge der Niederlage Diskussionen über die Strategien im weiteren revolutionären Kampf ein, die zu verbissenen internen Grabenkämpfen führen. Im Oktober 1921 spaltet sich von der KAPD die AAUE (ALLGEMEINE ARBEITERUNION EINHEITSORGANISATION) ab, die eher anarchistisch als kommunistisch ausgerichtet ist. Die verbliebene KAPD mit 41.000 Mitgliedern splittert sich in den nächsten Jahren immer weiter auf. Übrig bleiben einige belanglose Zirkel. Karl Plättner, Mitbegründer der KAPD und einer ihrer eifrigsten Aktivisten, ist zu diesem Zeitpunkt schon lange aus der Partei ausgeschlossen.

Nach dem gescheiterten Aufstand in Mitteldeutschland wird nach Plättner gefahndet, er taucht in Leipzig unter, was auch Max Hoelz erfährt. Das Verhältnis zwischen den beiden Revolutionären ist seit der Expropriation in der Chemischen Fabrik Buckau in Ammendorf bei Halle schwer belastet. Vor allem geht es um die Verwendung und den Verbleib der Beute. Hoelz will Plättner deshalb zu einer Sitzung der KAPD-Zentrale nach Berlin zitieren. Doch dieser lehnt es ab, sich der Situation zu stellen. Beim Thema Geld kennt Hoelz jedoch keine Freunde. *„Darauf beauftragte ich zwei zuverlässige Genossen, ihn unbedingt nach Berlin zu schaffen. Sie brachten ihn. In der Wohnung des Genossen Schubert zwangen wir ihn, die noch vorhandenen Gelder und das beschlagnahmte Platin an die Unterstützungskasse der K.A.P.D. abzuliefern“*.[144]

Bei dem Treffen geht es nicht nur um die Geschichte mit dem Geld. Einigkeit besteht darin, dass der Kampf nach der Niederlage in Mittel-

144 Hoelz: *Vom ‚Weißen Kreuz‘ zur roten Fahne*, S. 181.

deutschland weiterzuführen ist. In Form eines individualisierten *„roten Schrecken [...] daß sich die Bourgeosie auf keinen Fall mehr sicher fühlen soll und kann“*.[145]

Nach dieser Maßgabe wird die illegale Kampforganisation der KAPD umgebildet. Es entsteht ein OBERSTER AKTIONSRAT, O.A.R., in dem fünf Mitglieder das Kommando führen, wobei Karl Plättner der eigentliche Leiter ist. Anfangs Teil der KAPD, entwickelt sich die OAR im Laufe des Jahres 1921 zu einer eigenständigen Organisation. Ein wesentlicher Grund dafür ist, dass Karl Plättner aus der Leipziger Ortsgruppe der KAPD ausgeschlossen wird. Er selbst meint, Opfer einer Intrige geworden zu sein, möglich ist auch, dass sich seine Genossinnen und Genossen von seiner immer krasser werdenden Radikalität überfordert fühlen.[146]

Max Hoelz hat mit dieser Entwicklung nichts mehr zu tun. Nach einer geheimen Zusammenkunft in einem Berliner Café wird er am 15. April 1921 verhaftet.[147] Bei Karl Plättner hat die Polizei kein Glück. Es ist bekannt, dass sich Plättner vor allem in Berlin aufhält, doch obwohl seine Geliebte Gertrud Gaiewski ständig überwacht wird, gelingt es den Beamten nicht, seinen genauen Aufenthaltsort zu ermitteln.

In der Illegalität entwirft Karl Plättner das wohl militanteste Programm aus den revolutionären Kämpfen von 1918 – 1923 in Deutschland. *‚Der organisierte rote Schrecken! Kommunistische Parade-Armee oder organisierter Bandenkampf im Bürgerkrieg‘* lautet der Titel der 1921 erscheinenden Broschüre. Darin bricht Plättner mit den linken Parteien, kanzelt die VKPD als *„Zungenmeister“* ab und bezichtigt die KAPD der *„Nervenkitzelei eines niedrigen Politikantentums“*. Mit all dem gälte es zu brechen und *„eine illegale Kampforganisation zu schaffen, [...] ein Werkzeug, ein Instrument dem klassenbewußten Proletariat zu geben, das mit dem Gebrauch der Bombe Bescheid weiß, das sich in den Gefilden der Chemie zurechtfindet, das Dynamit als seine tägliche Nahrung gebraucht“*. Plättner fordert dazu auf, sich völlig vom Einfluss der Parteien freizumachen und die politische Arbeit auf *„organisierten Ban-*

145 Aussage Plättners vor dem Schwurgericht in Halle, 26.61923, SAPMO_BA Berlin, RY I/ I2/711/8.

146 Siehe hierzu: Ullrich: Der ruhelose Rebell, S. 102.

147 Hoelz: Vom ‚Weißen Kreuz‘ zur roten Fahne, S. 181.

*denkampf"* umzustellen. Es kommt darauf an, als *„Tatmensch"* voranzugehen, ein *„lebendiges Beispiel"* zu geben. Da so bald nicht mehr an einen bewaffneten Aufstand zu denken ist, will Plättner auf einen permanenten Kleinkrieg umschwenken. *„Wir gehen an die Quelle der Enteigner - das sind die Banken und Betriebe, die Quelle unseres Elends."*[148] Ein Schlüsselerlebnis für Plättner ist wohl der geglückte Überfall in Buckau, der in direkter Linie von der Parole ‚Expropriation der Expropriateure' zum Programm des ‚organisierten rote Schrecken' führt. Dessen militante Thesen treffen vor allem bei den vielen politischen Aktivisten, die nach dem Mitteldeutschen Aufstand in Berlin untergetaucht sind, auf offene Ohren. Unter ihnen rekrutiert Plättner die meisten Mitglieder für seine Organisation. Wie Plättner sind es Facharbeiter, die vor dem Krieg an der SPD orientiert waren und sich während der Kriegszeit radikalisierten. Seit dem Mitteldeutschen Aufstand stehen sie auf der Fahndungsliste und haben nichts mehr zu verlieren.

Propaganda der Tat!

Der organisierte rote Schrecken!

Kommunistische Parade-Armeen oder organisierter Bandenkampf im Bürgerkrieg

von

Karl Plättner.

Motto:

Kritik und Wahrheit ist Kraft und Schöpfung;
Kraft zur Schöpfung ist die Voraussetzung zum Gestalten des Neuen;
Kritik und Erkenntnis als Lebenselement werden die Gesetze des Handelns erzwingen — —

Darum:

Lasset die Toten ihre Toten begraben!

Verlag:
Propaganda-Abteilung des Obersten Aktions-Rates.

Unverkäuflich weitergeben!

*Der organisierte rote Schrecken!* von Karl Plättner aus dem Jahr 1921.

Das militanten Programm propagiert einen permanenter Kleinkrieg im Sinne der ‚Expropriation der Expropriateure'.

Revolutionärer, antikapitalistischer Kampf in radikalsten Form.

148 Alle Zitate: Plättner: *Der organisierte rote Schrecken.*

## „Lebt wohl Genossen!"

Es ist der 3. Juni 1921. Pünktlich um 8 Uhr öffnet der Bankvorsteher der DEUTSCHEN BANK in Deuben bei Dresden seine Filiale. Plötzlich drängen sieben Gestalten in den Raum, einer eruft: *„Hände hoch! Leisten sie keinen Widerstand!"* Bei diesen Worten blickt der verdutzte Bankangestellte auf Pistolenläufe. *„Seien sie vernünftig und geben sie das Geld gutwillig heraus, es wird für revolutionäre Zwecke gebraucht"*, fügt der Mann an der Spitze der Gruppe, der kaum einen Meter sechzig misst, hinzu, während ein anderer das Telefonkabel abreißt. Die Angestellten fügen sich, werden an Händen und Füßen gefesselt, ihre Kolleg*innen in einen Raum eingesperrt. Dann machen sich die Räuber mit einer Beute von knapp 250.000 Mark aus dem Staub. Der Überfall hat keine 15 Minuten gedauert. Schnell verdächtigt die Polizei Karl Plättner, für diesen *„äußerst frechen Raub"*[149] verantwortlich zu sein. Es wird eine Belohnung von 10.000 Mark für die Ergreifung der Täter und Täterinnen ausgesetzt.

Noch im Juni wird Plättners Geliebte, Gertrud Gaiewski, an ihrer Arbeitsstelle in Dresden verhaftet und gibt kurz darauf ihre Beteiligung am Überfall zu. Sie verrät aber nicht, wo sich Plättner aufhält. In ihrer Wohnung fallen der Polizei aber Hinweise in die Hände, die zur Festnahme zweier weiterer Tatbeteiligter führen. Doch Plättner erwischt die Polizei nicht. Der mittlerweile als ‚mitteldeutscher Bandenführer' in der Presse bezeichnete Revolutionär landet im Oktober mit einem Überfall auf die Betriebskasse der GRUBE ALWIN bei Halle einen neuen Coup. Mitten am Tag, während der Arbeitszeit, fährt ein Kraftfahrzeug durch das Werkstor und hält vor dem Verwaltungsgebäude. Ein paar Männer mit Pistolen und Handgranaten in den Händen springen heraus

149 Tagesbericht der Berliner Kriminalpolizei vom 10.6.1921, Bundes Archiv, ORA/RG 13 J 493/23, Bd. 29.

und stürmen ins Büro. Nur wenige Minuten später sitzen sie mit einer Beute von mehr als 100.000 Mark wieder im Auto und brausen davon. Etliche Arbeiter beobachten das Spektakel, ohne einzugreifen.[150]

Wenig später erscheint ein Flugblatt der Plättner-Gruppe mit der Überschrift *„Kriegsbericht von Halle-Bruckdorf. An das revolutionäre Proletariat! Am Donnerstag, dem 13. Oktober, haben wir in Bruckdorf auf dem Wege der direkten Aktion, also auf dem Wege der rücksichtslosen Gewalt, die Summe von 101 530 Mark enteignet. Die sozialdemokratischen Hampelmänner kommen vor Gegeifere bald um und schreien sich die Kehle wund. Die kommunistischen Arbeiter dagegen wollen auch heute, trotz aller blutiger Lehren, nicht begreifen, daß unser Weg ein Weg ist, der zur proletarischen Revolution führt und der systematisch beschritten und von uns methodisch bearbeitet werden soll.“* Die politischen Flüchtlinge, die man mit dem erbeuteten Geld unterstützten will, werden aufgefordert, *„sich zu organisieren zum roten Bürgerschreck in jeder Form“*.[151]

Um auch das ideologische Fundament bzw. die Taktik der Gruppe bekannt zu machen und neue Mitglieder bzw. Nachahmer zu finden, erscheint *Der organisierte rote Schrecken!* im Oktober 1921 in einer größeren Auflage. Laut Plättner werden 20.000 Exemplare verbreitet. Vor allem in Thüringen und Sachsen wandert das Pamphlet von Hand zu Hand. Im Dezember gelingt es der Polizei, in Berlin 1.600 Broschüren zu beschlagnahmen, nicht aber die Druckerei ausfindig zu machen.

In der Plättner-Organisation bleibt er der ‚Chef‘ und ist sowohl an den Planungen von Überfällen wie an deren Ausführungen beteiligt. Der Kern der Organisation besteht nach Plättners Angaben aus 15 Personen.[152] Darin spielen Frauen eine aktive Rolle. *„Um die Plättner-Gruppe hatte sich ein besonderes Hilfskorps gebildet, das sich aus den Ehefrauen und Bräuten der Bandenmitglieder zusammensetzte, geeignet zur Auskundschaftung eines Objekts, wie zur späteren Verschleierung des Überfalls. Plättner erschien zu irgendeiner Besprechung stets in Begleitung von zwei, drei Mädchen, bemerkenswert unscheinbar, typische Frauen*

150 Aufzeichnungen der Staatsanwaltschaft Halle, 6.1.1921, Bundes Archiv, ORG/RG 13 J 493/23, Bd. 8.

151 Dokumentiert in: Ulrich: *Der ruhelose Rebell*, S. 123.

152 Eine detaillierte Beschreibung der Mitglieder siehe Ulrich: *Der ruhelose Rebell*, S. 109-117.

*aus dem Volk - seine Schutzgarde"*[153], berichtet Franz Jung. Eine wichtige Funktion übernimmt die erst 17-jährige Martha Ebert aus Halle. Sie erledigt Kurierdienste und ist für die Verwahrung des erbeuteten Geldes zuständig.[154]

Über das Geld und dessen Verteilung führt Plättner genau Buch. Jedes Gruppenmitglied bekommt einen wöchentlichen Lohn von 350 Mark ausgezahlt, restliches Geld wird an politisch Verfolgte weitergegeben.[155] Mit ihren Expropriationen bleibt die Plättner-Gruppe weiterhin erfolgreich. Anfang Dezember erbeuten Aktivisten bei einem Einbruch in die Siemens-Werke in Freital-Döhlen bei Dresden 223.000 Mark. Woraufhin ein Plakat mit dem Titel *„Kriegsbericht aus dem Plauenschen Grund!"* erscheint. Der Text ist ein militanter Appell von Plättner: *„Viel krasser muß das Bandenwesen um Bürgerkrieg organisiert werden, viel, viel häufiger noch als jetzt müssen die Überfälle auf die Quellen des kapitalistischen Staates erfolgen. Die Raubüberfälle müssen Tageserscheinung werden[...]bis das morsche Gebäude der kapitalistischen Raubbanditen, bis die Macht der heute noch Herrschenden am Boden vernichtet ist. Das Gebot der Stunde heißt: Krieg dem besitzenden Bürgertum"*.[156]

Um diesen Krieg zu beenden, erhöht die Polizei ab Mitte November den Ermittlungsdruck. Es gelingt ihr am 11. Dezember in einem Berliner Lokal sechs Mitglieder der Plättner-Organisation auf einen Schlag zu verhaften. Damit sitzen die meisten Mitglieder hinter Gittern und die Polizei bleibt Plättner auf den Fersen. Schließlich wird er am 3. Februar 1922 in Halle zusammen mit dem Gruppenmitglied Karl Meißner verhaftet. Obwohl beide mit Pistolen bewaffnet sind, leisten sie keine Gegenwehr. Waffen tragen die Angehörigen der Plättner-Organisation bei ihren Aktionen stets bei sich, ohne sie jemals zu verwenden. *„Die Absicht, auf Menschen zu schießen, hatten wir nicht, im Gegenteil hatten wir das*

153 Jung, Franz: *Der Weg nach unten. Aufzeichnungen aus einer großen Zeit*, Nautilus ²1988, S. 193.

154 Bericht der Polizei Halle über Ermittlungen betr. Martha Ebert; Notiz des Berliner Polizeipräsidiums, Abt. IV, 5.1.1922; Bundes Archiv, ORA/RG 13 J 493/23, Bd. 28.

155 Die am Tage seiner Festnahme am 3.2.1922 bei ihm gefundene Abrechnung, Bundes Archiv, ORA/RG 13 J 493/23, Bd. 28.

156 Ein Exemplar in: Bundes Archiv, ORA/RG 13 J 493/23, Bd. 21.

*Prinzip vereinbart, lieber die Flucht zu ergreifen, wenn wir einmal auf energischen Widerstand stoßen würden"*,[157] gibt Karl Meißner bei seiner Vernehmung zu Protokoll.

Am 30. November 1923 lautet das Urteil gegen Karl Plättner: neun Jahre Zuchthaus. 13 Mitangeklagte haben Freiheitsstrafen zwischen sieben Monaten und neun Jahren zu verbüßen, eine Angeklagte erhält Freispruch. Nach der Urteilsverkündung erhebt sich Plättner und ruft in den Saal: *„Lebt wohl, Genossen! Die Internationale wird die Menschheit sein!"*[158] Frenetischer Beifall brandet auf, der vorsitzende Richter lässt den Verhandlungssaal räumen.

Zu Ende ist diese Geschichte damit noch nicht ganz. Aus dem weiteren Umfeld der Plättner-Gruppe gibt es Versuche, den ‚Organisierten roten Schrecken' weiterzuführen. Die letzten Zusammenhänge werden im Laufe des Jahres 1924 von der Polizei endgültig zerschlagen.

KPD-Plakat für die Reichstagswahl am 7. 12. 1924 von Rudolf Schlichter.

157 Aussage K. Meißner vor dem Untersuchungsrichter des Landgerichts Halle, 8.2.1922, Bundesarchiv, ORG/RG 13 J 493/23, Bd. 28.

158 *Vossische Zeitung*, Nr. 368, 1. Dezember 1923; Zit. in: Volker Ullrich: Der ruhelose Rebell, S. 162.

## Totenbestattung von Amtswegen

Erschossen, erschlagen, ersäuft, es sind insgesamt 31 gefallene Aufständische, die man so im Amtsbezirk Leuna-Rössen nach den Kämpfen findet – und die zügig unter die Erde gebracht werden müssen. Sofern sich nicht Angehörige melden, die sie in ihre Heimatgemeinden überführen, sollen die Toten an Ort und Stelle begraben werden, d.h. auf den Friedhöfen der Gemeinden Leuna-Ockendorf-Rössen, Göhlitzsch, Daspig und Kröllwitz. So ordnet es der Vorsteher des Zweckverbands des Amtsbezirk Leuna-Rössen, Cornelius Cornely, an. Da es in dieser Gegend keine kommunalen Friedhöfe gibt, ist der Amtsvorsteher auf das Entgegenkommen der örtlichen evangelischen Gemeinden und ihrer Pfarrer angewiesen. In christlicher Nächstenliebe werden die Bestattungen allen Ortes zugelassen. So denkt man auch den Gottesacker in Kröllwitz anfahren zu können.

Neun Särge transportieren die Totengräber auf ihren Wagen zum Friedhof. Dort gilt es mit Hacke und Schaufel die Gräber auszuheben. Jede Grube muss 1,80 Meter tief sein und etwas mehr als 2 Meter in der Länge haben; keine angenehme Arbeit. Zum Glück müssen keine großen Rücksichten genommen werden, es gibt keine Beerdigung mit Trauergemeinden, Reden und Blumen. Wenn man den Namen des Toten kennt, ist das schon viel. Der Pfarrer ist natürlich da, *„Asche zu Asche"*, eine kurze Sache. So stellen sich die Totengräber das vor, doch sie werden ihre Leichen nicht los, Pfarrer Reinstein in Kröllwitz weist sie ab. Er will keine gottlosen Aufrührer auf seinem Friedhof. Und nun? Es gibt keinen Ort, an den die Särge gebracht werden können. Kurzerhand fahren die Totengräber zum Gänseacker am Dorfrand und erledigen ihre Arbeit – soll sich kümmern wer will. *„Kein Hahn wird mehr nach den Aufrührern* *krähen. Über ihr Grab ist bald Gras gewachsen",*[159] triumphiert der erzreaktionäre Pfarrer. Doch der Gottesmann soll sich gewaltig irren.

Die Toten sind unwürdig verscharrt worden. Das Beispiel bestätigt alle Vorbehalte gegen Staat, Kirche und Kapital. Es ist eine Schande, die Gefallenen einfach so unterzupflügen. Zwei Tote sind unbekannt, von zweien weiß man nur die Namen, doch von drei Verscharrten ist Näheres bekannt.

Walter Lederer war Vertrauensmann in den Leuna-Werken, er soll waffenlos in Gefangenschaft geraten sein. Man fand ihn erschossen unter anderen Leuna-Arbeitern an der Werksambulanz.

Johannes Ludy und Albert Steinbrück wollten mit zwei weiteren Genossen die Gefangenen aus dem Silo befreien. Ludy hatte das Unternehmen angeführt. Die Toten fand man, wie sich herumspricht, übel zugerichtet, außerhalb des Werkes.[160]

Schicksale, die berühren, und dann werden die entstellten Gefallenen wie Tierkadaver verbuddelt! Bereits in der Nacht zum 1. Mai 1921 legen Unbekannte auf dem Grabhügel einen Kranz mit einer roten Schleife nieder. Im folgenden Jahr organisiert die Parteileitung der KPD-Merseburg Kranzniederlegungen. An einem kalten, stürmischen Sonntag ziehen in mehreren Demonstrationszügen insgesamt 2.000 Menschen zum Gänseacker.[161]

Mit der Absicht, die Situation zu entschärfen, widmet der Merseburger Regierungspräsident Dr. Karl-Bergemann (SPD) die Fläche mit den Gräbern zum kommunalen ‚ordentlichen Friedhof in der Aue' um. Vorsichtshalber mit der Auflage, dass *„auf dem Begräbnisplatz keine weiteren Leichen, außer den fünf bereits dort beerdigten, bestattet werden dürfen."*[162] Ein zentraler Gedenkort soll nicht entstehen. Diese Maßnahme kann aber nichts daran ändern, dass die KPD nun alljährlich eine Demonstration

159 John, Günter: *Der Stein auf dem Gänseanger*, SED-Kreisleitung Leuna, Kommission Betriebsgeschichte, Leuna 1986, S. 8.

160 Büttner, Claus /Pelz, Wilhelm / Plate, Friedrich: *Die Märzkämpfe 1921 in Leuna und ihre Gedenkstätten*, Leuna 1980, S. 6 ff. Die anderen Toten waren Artur Rieger, Hermann Wicke, Wilhelm Langrock und Erich Grosse, die man allesamt im Gelände außerhalb des Werkes fand. Die zwei Unbekannten lagen an der Saale.

161 John: *Der Stein auf dem Gänseanger*, S. 8.

162 John: *Der Stein auf dem Gänseanger*, S. 10.

durchführt und einen regelrechten Leuna-Kult initiiert. Im Jahr 1925 veröffentlicht das KPD-Zentralorgan Rote Fahne den Text des ‚Leuna-Liedes'. Als Melodie dient das aus dem Weltkrieg bekannte Soldatenlied *„In Flandern sind viele gefallen"*.[163] Zur Textzeile *„Bei Leuna sind viele Gefallen"* umgedichtet wird es das Marschlied des 1924 gegründeten *Roten Frontkämpfer Bundes* und bald – in zahlreichen textlichen Variationen – eine der populärsten kommunistischen Hymnen in der Weimarer Republik.

Im Jahre 1926 beschließt die KPD, einen Gedenkstein aufzustellen. Ein Bauantrag, der sicher abgelehnt werden würde, wird nicht gestellt, man will vollendete Tatsachen schaffen. Um Planung und Aussehen des Monuments möglichst lang geheim zu halten, wird ein großer Findling im weit entfernten Süd-Baden bar bezahlt und per Bahntransport in der Werkstatt des KPD nahen Steinbildhauers Wehnemann nach Merseburg geschafft.

Verdeckt geht Wehnemann ans Werk und meißelt in den oberen Teil des grauen Syenit-Findlings das RFB-Symbol, eine geballte rechte Faust. In der Mitte des Steins schlägt er die Inschrift *„Den Gemeuchelten Leuna-Arbeitern - Das mitteldeutsche Proletariat"* ein. Zwischen den Jahreszahlen 1921 und 1927 entsteht im unteren Teil ein Sowjetstern, mit der Losung *„Durch Kampf zum Sieg"*.[164] Eine aus dem Weltkrieg geläufige Propagandaformel, die auf dem Stein einen anderen Sinngehalt erhält.

Aber nicht nur inhaltliche und ästhetische Fragen sind zu berücksichtigen. Bevor das Denkmal aufgestellt werden kann, ist ein Fundament notwendig. Was im Geheimen betoniert werden muss, damit die Errichtung des Gedenksteins nicht vorher bekannt wird.

Für diese Aufgabe stellt der erwerbslose Polier Georg Laichinger eine Baukolonne aus zuverlässigen KPD- und RFB-Mitgliedern zusammen. In der Nacht zum 25. Februar 1927 geht es auf einem großen LKW hinaus ins Niemandsland bei Kröllwitz. Werkzeug, Schalbretter, Kies, Zement und Karbidlampen zur Beleuchtung haben sie dabei; Wasser muss vom

163 Die SA singt wenig später eine Version *„In München sind viele gefallen"*, bezogen auf die Toten des Hitlerputsches vom 9. November 1923. Im holländischen Widerstand kommt nach der deutschen Besetzung *„Bij Rehnen zijn velen gevallen"* auf. Sieh hierzu: H.C. Grünefeld: *Die Revolution marschiert. 1860 – 1930. Bd. 2*, Mannheim 2006, S. 465.

164 John: *Der Stein auf dem Gänseanger*, S. 12 ff.

50 Meter entfernt liegenden Teich in Eimern geholt werden. Lärm lässt sich nicht vermeiden und ohne elektrische Betonmischer dauert alles seine Zeit. Doch die Abgeschiedenheit des Ortes kommt der Baukolonne zugute, ungestört und von niemand bemerkt betonieren sie in der Nacht das Fundament. Die fertige Bodenplatte lassen sie unter alten Ästen, Laub und Heu verschwinden.

Die Arbeit bleibt aber nicht lange unentdeckt. Bei der alljährlichen Flurbegehung fällt die Betonplatte einer Gruppe von Landwirten und Mandatsträgern auf. Eine Meldung geht an die Polizei, die von der geplanten Errichtung eines Denkmals keine Kenntnis hat. Die Polizei informiert ihrerseits die Leitung der Leuna-Werke.

Behörden und Direktion sind aufmerksam geworden. Offenbar planen die Kommunisten und Kommunistinnen die Aufstellung eines Denkmals und eine große ‚Märzsache' zu seiner Einweihung. Es gibt aber keinerlei Kommunikation mit den Behörden. Was kommt auf die Leuna-Gemeinden und eventuell das Werk zu?

Die Werksdirektoren bestellen den Amtsvorsteher von Leuna Rössen, Cornelius Cornely, der in Doppelfunktion auch Vorsitzender des Zweckverbandes der Leuna-Gemeinden ist, am 3. März 1927 ein. Aber Cornely ist über die Vorgänge ebenfalls nicht im Bilde. Der Leiter der juristischen Werksabteilung schlägt vor, dass Cornely an die KPD mit der Bitte herantreten soll, entsprechende Anträge nachträglich zu stellen.

Also richtet der Vorsitzende des Zweckverbandes ein Schreiben an die Bezirksleitung der KPD-Halle/Saale indem er sie auffordert, bis zum 14. März, einen Genehmigungsantrag nebst *„Beschreibung der geplanten Stätte nach Form, Umfang und Blumenart"* sowie *„Wortlaut und Aufschrift des Gedenksteines"*[165] einzureichen.

In einem weiteren Schreiben bittet Cornely um *„nähere Mitteilungen über den genauen Zeitpunkt der Veranstaltungen, die Teilnehmerzahl unter Angaben der Themen und Redner und des Verantwortlichen Leiters von den Aufzügen von Merseburg und Dürrenberg her."*[166]

Beide Schreiben sind zu Händen des KPD-Landtagsabgeordneten Max Lademann adressiert, der selbst aktiv an den Märzkämpfen be-

165 John: *Der Stein auf dem Gänseanger*,, S. 19.

166 Ebenda.

teiligt war. Nach dem gescheiterten Aufstand organisiert Lademann im KPD-Unterbezirk Querfurt-Sangerhausen-Mansfeld die paramilitärischen PROLETARISCHEN HUNDERTSCHAFTEN und wird im März 1924 zu einem Jahr Gefängnis wegen Vorbereitung und Beteiligung des Oktoberaufstandes von 1923 verurteilt. Die Haftstrafe braucht Lademann nicht anzutreten, da er im Mai 1924 für die KPD, Wahlkreis 11 (Merseburg), in den Reichstag einzieht. Ebenso wird er Abgeordneter im Preußischen Landtag und Mitglied des Stadtrates Eisleben. Ab 1924 baut Lademann den RFB in der Region auf und ist Organisationssekretär der KPD-Bezirksleitung Halle-Merseburg. Im Januar 1925 wird er zum Gewerkschaftssekretär der Bezirksleitung der KPD ernannt.[167]

Max Lademann ist damit genau der Richtige, um die juristische Auseinandersetzung um das KPD-Denkmal in Kröllwitz zu führen. Überhaupt ist die KPD überlegter vorgegangen, als es den Anschein hat. Das Fundament steht auf dem Privatgrundstück des Bauern Lachmann, Ortsvorsteher von Kröllwitz. Auf öffentlichen Boden könnte der Zweckverband Vorsteher Cornely das Denkmal wegen seiner ‚aufreizenden' Darstellung einfach verbieten, auf privatem Grund geht das nicht. Lachmann hat der KPD die Fläche zur Aufstellung des Steines zur Verfügung gestellt, weil er der Zweckverbandsverwaltung *„eins überbacken wollte"*.[168] Denn diese plant die fünf Dörfer, aus denen der Zweckverband besteht, zu einer Großgemeinde zu vereinigen. Einzelne Ortsvorsteher sind dann überflüssig.

Der verlangte Genehmigungsantrag für das beabsichtigte Denkmal geht schriftlich, mit Datum vom 12. März und anliegender Zeichnung, bei Cornely ein.[169] Bereits am 14. März antwortet der Zweckverbands-Vorsteher mit einer polizeilichen Verfügung. Sie beginnt mit dem Satz *„Der KPD Bezirksleitung Halle-Merseburg wird verboten, auf dem kommunalen Friedhofe in Cröllwitz* [alte Schreibweise, so im Original

167 Siehe dazu: Max Lademann Straße – Bildung im Vorübergehe, Bürgerstiftung Halle, https://www.buergerstiftung-halle.de/projekte/bildung-im-voruebergehen/strasse/max-lademann-strasse/ [4.2.2022].

168 Zit. in: *„Prinzip Ferdinand Lassalle"*, Beiträge zu Geschichte der Sozialdemokratie in Sachsen-Anhalt, Heft 8, HIKO SPD Landesverbandes Sachsen-Anhalt (Hrsg.), S. 11.

169 Dokumentiert im Reader: *80. Jahrestag der Märzkämpfe in Leuna*. Gemeinsame Konferenz des Vereins zur Förderung von Kultur, Wissenschaft und politische Bildung in Sachsen-Anhalt e. V. und der PDS-Stadt/Kreisverbände Halle, Burgenlandkreis, Mansfelder Land, Merseburg-Querfurt, Saalkreis und Weißenfels-Hohenmölsen am 17. März 2011, S. 13 ff.

– Anm. d. Verf.] *ein Grabdenkmal aufzustellen, in dessen Inschrift das Wort ‚gemeuchelt' enthalten ist."*[170]

Der KPD-Gedenkstein bei der Einweihung. Nach wie vor mit der Bezeichnung *„gemeuchelt"*. Ähnlich wie das *Leuna-Lied* geht auch die Parole *„Durch Kampf zum Sieg"* auf Kriegspropaganda zurück.

Die übrige Beschriftung, samt aller Symbole, wird in der Anordnung einzeln aufgeführt und kritisiert, so heißt es *„auch ist die Legitimation der Aufsteller des Denkmals, sich als Vertreter des mitteldeutschen Proletariats zu bezeichnen, wohl nicht gegeben."*[171] So wird die Aufschrift zwar als anmaßend gewertet aber nicht als gefährlich. *„Eine unmittelbar bevorstehende Gefahr, die die öffentliche Ruhe, Sicherheit und Ordnung berührt, wird durch sie jedoch nicht hervorgerufen. Ihre Beanstandung war darum nicht Amt der Polizei."*[172] Letztlich geht es nur um das Wort ‚gemeuchelt'. Im Antwortschreiben von Lademann, an den Amtsbezirk Rössen vom 18. März, lenkt er ein. *„Aus dem Grabmal, das am Sonntag, den 20.3.27 auf dem Kommunalfriedhof zu Cröllwitz enthüllt werden soll, wird das Wort ‚gemeuchelt' durch unseren beauftragten Bildhauer herausgemeißelt. Damit erübrigt sich die Anwendung irgendwelcher Zwangsmaßnahmen."*[173]

Der Grund für diesen pragmatischen Vorschlag dürfte auch darin zu finden sein das sich der KPD-Vorsitzende Ernst Thälmann für die Einweihung angekündigt hat. Damit steht für den 20. März 1927 eine Großveranstaltung an. In ganz Mitteldeutschland wird von der KPD mobilisiert. Mit etlichen LKWs bringt die Partei ihre Gefolgschaft von weiter her nach Merseburg. Dort wird zunächst am Vormittag an den Gräbern der

170 Reader: *80. Jahrestag der Märzkämpfe in Leuna*, S. 18.

171 Ebenda, S. 19.

172 Ebenda.

173 Ebenda, S. 20.

20. März 1927, der KPD- und RFB-Vorsitzende Ernst Thälmann, bei der Einweihung der Gedenkstätte in Leuna-Kröllwitz. Hi snackt platt, doch Hamburger Mundart ist in Mitteldeutschland, wenn überhaupt, nur schwierig zu verstehen.

gegen den Kapp-Putsch gefallenen Kämpfer eine Kundgebung abgehalten. Dann geht es in einer Auto- und Fahrradkolonne in Richtung Leuna-Rössen. An diesem Tag sollen 20.000 Menschen zu den Gräbern in Kröllwitz gepilgert sein. Auf dem Weg dorthin werden auch andere Gräber gefallener ‚Märzkämpfer' aufgesucht.

Zum Höhepunkt der Veranstaltung spricht Ernst Thälmann vor einem Wald von roten RFB- und KPD-Fahnen – auf Hamburger Platt. Seine Zuhörer*innen sprechen und verstehen aber zumeist Hallisch oder andere Dialekte aus Mitteldeutschland, die mit norddeutschen Mundarten nicht viel gemein haben. Ein Genosse muss die Rede Thälmanns ins Hochdeutsch übersetzen.[174]

174 *„Prinzip Ferdinand Lassalle"*, Geschichte der Sozialdemokratie in Sachsen-Anhalt, Heft 8, HIKO SPD Landesverbandes Sachsen-Anhalt (Hrsg.), S. 12. Auch bei John: *Der Stein auf dem Gänseanger*, S. 28, findet sich ein Hinweis auf diese Episode. Thälmann soll in Merseburg Polizisten belehrt haben: *„Man sinnig, davör hevt wi die rote Orndungslüt."* Die Polizisten verstanden sein Platt nicht. Ein Genosse ‚übersetzte' das Gesagte.

Doch von den vielen tausend Menschen bekommen an diesem Tag ohnehin nur die Wenigsten etwas von der Rede mit. Es gibt keine technische Anlage, mit der Stimmen verstärkt werden können. Beindruckender ist das Erlebnis an sich. Die Massen Gleichgesinnter, die Fahnen und die Marschkolonnen des RFB sowie die Gesänge und Musikkapellen. Nicht zu vergessen die vielen Blumen und Kränze, die am Gänseanger niedergelegt werden. Im Mittelpunkt steht der Gedenkstein, auf dem nach wie vor das Wort ‚gemeuchelt' zu lesen ist. Erst am 9. August meißelt ein vom Zweckverband-Vorsteher Cornely beauftragter Steinmetz ‚gefallen' auf den Stein. Bis 1932 findet jedes Jahr eine März-Demonstration der KPD nach dem Muster der Einweihung von 1927 statt.

Die Autokolonne des RFB im Jahr 1927, auf der Fahrt zum Gedenkstein für die ‚Märzkämpfer'.

Die KPD veranlasst außerdem die Aufstellung von Grabsteinen für die gefallenen ‚Märzkämpfer' auf den Friedhöfen der Region. Diese sind, wohl aus Kostengründen, aus Sandstein hergestellt und haben ein identisches Aussehen. Allesamt ca. 1,60 Meter hoch, im oberen Teil prangt ein Lorbeerkranz, darunter die Aufschrift *„Den gefallenen Leuna-Kämpfern zum Gedenken, den Lebenden zur Mahnung. Durch Kampf zum Sieg"*. Auf dem Sockel stehen die Namen der betreffenden Toten. Diese Gedenksteine werden ebenfalls in die jährlichen Kundgebungen einbezogen.

## NS-Geschichten

Am 30. Januar 1933 wird Adolf Hitler Reichskanzler, nach dem Reichstagsbrand Ende Februar kommt es zu ersten großen Verhaftungswellen, die KPD wird illegalisiert und aller Wirkungsmöglichkeiten beraubt. Wenn auch keine Demonstration mehr stattfinden kann, findet sich im März 1933 doch ein Kranz auf den Gräbern in Kröllwitz. Auf der Kranzschleife steht *„Trotz alledem - es lebe die KPD“*.[175] Das ruft SA-Männer auf den Plan, die in der Nacht zum 14. März am Gedenkstein randalieren, die Einfriedung zerstören, den Findling umwerfen und mit Schlamm beschmieren. Ein solches Vorgehen ist nicht im Sinn der örtlichen NSDAP-Führung, die SA-Männer werden vorgeladen. Van Thiel, NSDAP-Funktionär und Mitglied des Gemeinderates, ist der Meinung, die Leuna-Kämpfer seien gute deutsche Arbeiter gewesen, die gegen das ‚raffende Kapital‘[176] gekämpft hätten. Der Nazi beruft sich auf das NSDAP-Programm. Am 19. März gibt die NSDAP-Ortsleitung der Gemeindeverwaltung bekannt, dass der Stein umgeschlagen wird. Die geballte Faust, der Sowjetstern mit Hammer und Sichel und die Bezeichnung ‚das mitteldeutsche Proletariat‘, müssen verschwinden. Dafür ist fortan *„Sie starben im Glauben, für die Freiheit der deutschen Arbeiter zu kämpfen,“* auf dem Findling zu lesen.

Die Faust verschwindet unter einem Klumpen Zement, den Rest erledigt der Meißel eines Steinmetzes. Auch inhaltlich bemächtigen sich die Nazis der kommunistischen Geschichte. Von 1933 bis 1944 wird von

175 Günter John: *Der Stein auf dem Gänseanger*, S. 37.

176 Die Nazis unterteilen in ‚schaffendes‘ und ‚raffendes‘ Kapital. Eine antisemitische Phraseologie, denn unter ‚raffendem Kapital‘ wird das angeblich nicht produktive ‚jüdische Finanzkapital‘ verstanden, dessen ‚Zinsknechtschaft‘ gebrochen werden müsse.

der NSDAP-Leuna jeweils am 1. Mai, dem von Adolf Hitler eingeführten ‚Tag der deutschen Arbeit', im regionalen Rahmen der Märzgefallenen unter Hakenkreuzfahnen gedacht.

Für die Nazis spielt auch der einzige Polizist, der bei der Erstürmung der Leuna-Werke sein Leben ließ, Unterwachtmeister Alfred Axtmann[177] aus Weißenfels, eine Rolle. Das Kommando der Hundertschaft, zu der Axtmann und sein Kollege Franz Koslowski am 29. März 1921 gehören, hat Polizeihauptmann Karl Ernst Göring, der ältere Bruder von Hermann Göring.

An der Straßeneinmündung Liebigstraße in die Spergauer Straße in Leuna, befindet sich 1921 ein kleiner Hügel, von dem man einen guten Blick zum Werkstor hat. Axtmann und sein Kollege Franz Koslowski gehören zu einem hier postierten, von Karl Ernst Göring kommandierten MG-Trupp, der vermutete Widerstandsnester auf dem Werksgelände mit MG-Garben eindeckt. Das Feuer wird erwidert. Als Axtmann seinen Kopf hebt, trifft ihn die tödliche Kugel.[178] Seinem Kollegen Koslowski, neben dem Axtmann fällt, bleibt das für immer lebhaft im Gedächtnis. Mehr als zehn Jahre später sind die Nazis an der Macht und drücken der Gesellschaft ihren Stempel auf. Am 12. September 1934 beginnt die NSDAP im gesamten Deutschen Reich eine Kampagne, Straßen nach sogenannten ‚Blutzeugen'[179] zu benennen. Darunter fallen auch Polizisten, die im Kampf gegen Kommunisten ihr Leben ließen.

Franz Koslowski, mittlerweile im Ruhestand, wird am 13. September beim Weißenfelser Polizeipräsidenten vorstellig. Er unterbreitet den Vorschlag, am Hügel bei der Straßeneinmündung in Leuna, wo Axtmann fiel, einen Gedenkstein aufzustellen. Große Begeisterung löst der Vorschlag nicht gerade aus. Erst am 29. April 1934 übergibt der Weißenfelser Polizeipräsident die Angelegenheit an die Gemeinde Leuna. Um den

177 Adolf Ehrt/Hans Roden: Terror. *Die Blutchronik des Marxismus in Deutschland*, Berlin/Leipzig 1934, S. 59.

178 Es handelt sich wohl um einen Zufallstreffer oder Querschläger. Ein unbekannter aus Kröllwitz schrieb dazu in sein Tagebuch, *„Da plötzlich bekommt er von weit her einen Kopfschuss von rechts nach links. Der Schuß war erst durch ein Brett gegangen."* Zit. in: Ralf Schade, *Das Polizei-Betriebsschutzamt Leuna 1916 – 1936*, S. 93.

179 Als ‚Blutzeugen' gelten für die Nazis Personen, die für die nationalsozialistische Idee gestorben sind.

Vorgang zu beschleunigen, schaltet Koslowski die NSDAP-Kreisleitung Merseburg ein.

Nach einer Beratung am 15. Dezember 1934 lehnen die Leunaer Gemeinderäte die Aufstellung eines Gedenksteins an dem Hügel ab. Stattdessen geben sie der Spergauer Straße im Bereich Haupttorplatz-Ortsausgang Richtung Spergau den Namen Axtmann-Straße.

Damit gibt sich Koslowski nicht zufrieden. Karl-Göring ist 1932 verstorben. Mit dem Vorschlag, die Spergauer Straße im Bereich Haupttorplatz-Industrietor nach dem damaligen Hundertschaftsführer umzubenennen, tritt er am 15. Oktober 1935 nochmals an die Gemeinde heran. Die Gemeinderäte lehnen auch diese Idee ab. Doch von 1935 bis 1944 wird am 29. März, dem Todestag des Polizisten Axtmann, von der örtlichen NSDAP am Hügel in Leuna ein Gebinde niedergelegt.[180]

Im April 1945 nimmt die US-Army Leuna ein. Irrtümlich meint der US-Hauptmann Tauscher, die Axtmann-Straße sei nach dem HJ-Führer Axmann benannt, und ordnet umgehend die Rückbenennung an. Der Hügel, von dem aus die Polizisten das Werksgelände beschossen, verschwindet 1951 mit dem Bau der Berufsschule in Leuna.

180 StA Leuna; Rep. X; Akte Nr. 53; Bl. 232ff.

## Treibstoff für den Weltkrieg

Die Machtübertragung auf die Nationalsozialisten 1933 führt zu einer erheblichen Vergrößerung der Leuna-Werke. Der Grund ist das in Leuna mittels Hydrierung aus Braunkohle gewonnene synthetische Benzin. Autarkie ist ein erklärter Bestandteil der nationalsozialistischen Wirtschaftspolitik. Da das Deutsche Reich über fast keine eigenen Ölvorkommen verfügt, sollen durch den Bau und Betrieb von Hydrierwerken Devisen für Mineralölimporte gespart und Arbeitsplätze geschaffen werden. Im April 1936 erfolgt die Grundsteinlegung der BUNA-WERKE GMBH SCHKOPAU, dem weltweit ersten Synthesekautschukwerk. Die Region Merseburg – Leuna – Schkopau – Lützkendorf, wird ein Schwerpunkt der chemischen Industrie – und während des Zweiten Weltkrieg zum kriegsentscheidenden Rüstungsstandort.

Zum Schutz der wichtigen Industrieanlagen ist bereits Ende der 1930er Jahre ein Ring starker Flak-Einheiten angelegt worden und erfährt während des Krieges eine fortwährende Verstärkung. Im Jahr 1944 bildet ein System von etwa 1.100 schweren Flakgeschützen, was knapp der Hälfte, der insgesamt in der Wehrmacht verfügbaren schweren Flakgeschütze entspricht, den MITTELDEUTSCHEN FLAKGÜRTEL.[181] Dazu kommen mehrere hundert leichte Flakgeschütze sowie Scheinwerfer-, Such- und Feuerleitradarstellungen. Zusätzlich werden drei Eisenbahnflakzüge mit 24 Geschützen vom Kaliber 12,8 cm eingesetzt.

In einem Bogen führt der MITTELDEUTSCHE FLAKGÜRTEL von Halle über Merseburg und Zeitz bis nach Leipzig, wobei die Städte und Industriegebiete komplett von Flakbatterien umschlossen sind. Die dichte

181 Stärkemeldungen 14. Flakdivision vom 1. Oktober und 1. Dezember 1944, BA-MA Bestand: RL 2 III/1119-1122

Fliegerabwehr fügt den alliierten Bombergeschwadern schwere Verluste zu. Statistisch werden im mitteldeutschen Chemierevier zwischen 1942 und 1945 genauso viele alliierte Flugzeuge von der Flak abgeschossen, wie deutschen Jagdflugzeugen zum Opfer fallen. Wobei ab Ende 1944 von einer deutschen Luftwaffe keine Rede mehr sein kann.[182]

Ab 1943 ersetzen immer mehr 15- bis 17-jährige Luftwaffenhelfer die regulären Flak-Soldaten. Der Anfang vom Ende setzt mit dem Beginn der alliierte Luftoffensive gegen die deutsche Treibstoffindustrie am 12. Mai 1944 ein. Bis April 1945 erleben die Leuna-Werke 22 schwere Bombenangriffe. Etwa 18.000 Tonnen Bombenlast gehen auf die Region nieder und töten auch zahlreiche Zwangsarbeiter und Zwangsarbeiterinnen. Während des Weltkrieges werden in den Leuna-Werken vermehrt ausländische Arbeitskräfte, eingesetzt. Im März 1945 zählt die Belegschaft 27.000 Menschen, davon sind 16.500 Fremdarbeiter und Fremdarbeiterinnen, italienische Militärinternierte und Kriegsgefangene.[183] Unter großen Anstrengungen gelingt es immer wieder, die Schäden zu beseitigen und die Produktion anzufahren, bis sie am 4. April 1945 endgültig zum Erliegen kommt. Vier Tage später erklärt das Oberkommando der Wehrmacht den Harz zur Festung. Diese Propagandabezeichnung kann die US-amerikanischen Truppen nicht aufhalten, die sich in wenigen Tagen über das Mittelgebirge in Richtung des Mitteldeutschen Industriereviers vorkämpfen. Am 15. April 1945 um 8 Uhr dringen die ersten Soldaten der 104. US-Infanterie-Division TIMBERWOLVES in Halle ein. Im nördlichen Stadtteil Halle-Trotha werden die US-Einheiten in erbitterte Häuserkämpfe verwickelt. Wehrmachtssoldaten, Hitlerjungen und Volkssturm, teilweise von der Zivilbevölkerung unterstützt, haben sich hier verschanzt. Der US-Vormarsch stockt; Halle, bislang von Luftangriffen weitgehend verschont, droht bei weiterem Widerstand ein vernichtender Bombenangriff. Es folgen Verhandlungen und ein Teilrückzug der deutschen Einheiten aus der Stadt – aber auch immer wieder Kämpfe. Erst am 19. April verlässt

182 Statista: Verlorene Mannschaften der United States Air Force und der Royal Air Force im Zweiten Weltkrieg bis Kriegsende im Jahr 1945, 2024, https://de.statista.com/statistik/daten/studie/1090640/umfrage/verlorene-mannschaften-der-usaf-und-der-raf-im-zweiten-weltkrieg/ [16.7.2024].

183 Landesarchiv Sachsen-Anhalt; Online-Recherche, I 525 Leuna-Werke, 1916-1999 (Bestand) [Benutzungsort: Merseburg] http://recherche.landesarchiv.sachsen-anhalt.de/Query/detail.aspx?id=339646 [16.7.2024].

Nächtliches Feuer einer 8,8-cm-Flak. Die Verluste der alliierten Bomberflotten durch den MITTELDEUTSCHEN FLAKGÜRTEL sind genauso hoch wie die durch deutsche Jagdflieger. Insgesamt verlieren US-AIR-FORCE und ROYAL AIR-FORCE 158.446 Mann während des Luftkriegs auf dem westlichen Kriegsschauplatz.[184]

Flakbesatzung eine 8,8-cm-Flak bei Dessau-Kochstedt 1944. Zum Ende des Krieges werden immer mehr minderjährige Flakhelfer eingesetzt, von denen viele in den Endkämpfen fallen. Ihre Zahl ist unbekannt, deutsche Soldatenfriedhöfe werden in Mitteldeutschland erst nach 1989 eingerichtet.

184 Statista: Verlorene Mannschaften der United States Air Force und der Royal Air Force im Zwei-

Emblem der 104th US-Infantery Division *Timberwolves*. Die Einheit gehört zu den ersten im Nachtkampf ausgebildeten und wird auch als Nightfighters bezeichnet. Getreu ihrer Devise: *„Nothing in hell must stop the Timberwolves"* (Nichts in der Hölle darf die Timberwölfe aufhalten), kämpft sich die Division ab November 1944 über Aachen quer durch Deutschland. Nachdem sie den letzten Widerstand im Harz gebrochen haben, erreichen die *Timberwolves* am 15. April 1945 Halle.

Kampfkommandant Anton Rathke mit den letzten 600 Wehrmachtssoldaten endgültig die Stadt. Um 10:55 Uhr ist Halle vollständig von amerikanischen Truppen besetzt.[185]

Beim weiteren Vorstoß auf Merseburg und Leuna ergibt sich eine ähnliche Lage, wenngleich Merseburg bereits schwer zerstört ist. Die Stadt wird oft getroffen, wenn es Bomben auf die benachbarten Leuna-Werke regnet. Ab Mai 1944 sind die Industrieanlagen mehr als 20-mal Ziel von schweren Luftangriffen. Einige Angriffe haben aber auch Merseburg als Hauptziel. Das Drama findet Anfang April 1945 seinen Höhepunkt als die Industrieanlagen von Leuna in Schutt und Asche liegen. Der Krieg ist längst verloren, die deutsche Wehrmacht besteht nur noch aus Resteinheiten. Oft werden die minderjährigen Flakhelfer mit in den Strudel der sogenannten Endkämpfe gerissen. Statt zu kapitulieren, wird *„getreu dem Führerbefehl"*, wie es damals heißt, weitergekämpft. Als die US-Bodentruppen und Panzerverbände direkt auf das zerbombte Chemiedreieck vorrücken, erfolgt die Umrüstung der Flak-Batterien auf die Bekämpfung von Bodenzielen. Die deutschen Resteinheiten verfügen damit über keine Flug-Abwehr mehr, während sich die weit überlegenen US-Truppen auf ihre Kampfflieger verlassen können. Doch nicht Kapitulation, sondern ‚Endkampf' lautet die Devise. So liefern artilleristisch immer

ten Weltkrieg bis Kriegsende im Jahr 1945, 2024, https://de.statista.com/statistik/daten/studie/1090640/umfrage/verlorene-mannschaften-der-usaf-und-der-raf-im-zweiten-weltkrieg/ [16.7.2024].

185 Könnemann, Erwin: *Die Bewahrung Halles vor der totalen Vernichtung im April 1945, 2005 Kriegsende_Koenemann_60_Jahre.pdf.*

noch gut ausgestattete deutsche Einheiten im Gebiet um Leuna den vorstoßenden US-Truppen verlustreiche Scharmützel.[186] Wie viele Soldaten und Luftwaffenhelfer auf deutscher Seite in diesen Kämpfen fallen und verwundet werden wird im Chaos des Untergangs nicht mehr erfasst. Erst nach 1989 werden Kriegsgräberstätten eingerichtet, die von hohen Verlusten zeugen. Die Waffen schweigen endlich als sich US- und Sowjetarmee am 25. April in Strehla-Lorenzkirch erstmals an der Elbe die Hände reichen. Das geschieht mitten in einem Leichenfeld von mehreren hundert toten deutschen Zivilisten und Soldaten. Man entscheidet sich, die nicht sonderlich fotogene Szene, nach Torgau zu verlegen. Dort begegnen sich US- und Sowjetarmee ebenfalls am 25. April, wenn auch einige Stunden später. Mit Fotografen wird der Handschlag am nächsten Tag in Torgau wiederholt und geht als ikonisches Bild in die Geschichtsschreibung ein.[187]

Getreu den Beschlüssen der Konferenz von Jalta übergeben die US-Truppen die von ihnen eroberten Gebiete Mitteldeutschlands an die Sowjets. Im Juli 1945 rückt in Westsachsen, Thüringen und dem Territorium des heutigen Sachsen-Anhalts sowjetisches Militär ein. Das hat gravierende Folgen. Viele Menschen und ganze Firmensitze fliehen nach Westen. Auch werden aufgrund der auf der Pariser Friedenskonferenz 1946 festgelegten Reparationen gegenüber der Sowjetunion allein in der Provinz Sachsen 979 Betriebe mit 358.007 Maschineneinheiten demontiert und in die Sowjetunion verfrachtet.[188] Die Leuna-Werke gehen nach der Zerschlagung der I.G. Farben in sowjetischen Besitz über. Was in dem vom Krieg schwer beschädigten Werk noch brauchbar ist, wird zum großen Teil in die Sowjetunion abtransportiert.

Erst das Jahr 1954 markiert einen Neuanfang. Die Leuna-Werke werden zu Volkseigentum erklärt und heißen von nun an VEB Leuna-Werke Walter Ulbricht. Mit ca. 30.000 Beschäftigen ist Leuna der größte Chemiestandort der DDR. Das eingezäunte Werksgelände umfasst eine Fläche von sieben mal drei Kilometer und verfügt über zwei Bahnhöfe.[189]

186 Möller, Jürgen: *Flak im Endkampf. Leuna 1945*, Bad Langensalza 2013.

187 Marschner, Jörg: *So endete der Zweite Weltkrieg in Sachsen*, Sächsische.de, 3.5.2020.

188 Niemetz, Daniel: *Besatzungswechsel im Juli 1945. Als die „Russen" in ganz Sachsen und Thüringen die Macht übernahmen*, MDR Zeitreise, 3.7.2020.

189 Landesarchiv Sachsen-Anhalt: Online-Recherche, I 525 Leuna-Werke, 1916-1999.

## Vom Thälmann zum Duce

Im Jahr 1945 scheint das Ende der Gedenkveranstaltungen in Kröllwitz gekommen. Das liegt an den Sowjets, die Ende des Jahres in ihrer Besatzungszone die Friedhofspflicht durchsetzen. Soldaten und zivile Opfer des Krieges, die oft in der Nähe ihrer Fundorte beigesetzt wurden, sollen ihre letzte Ruhe ausschließlich auf Friedhöfen finden. Offiziell ist der Gänseanger zwar zum ,ordentlichen Friedhof in der Aue' erklärt worden, was die Sowjets aber nicht gelten lassen.

Der Gedenkstein bleibt erst einmal vor Ort, aber die sterblichen Überreste der neun ,Märzkämpfer' kommen auf den evangelischen Friedhof in Kröllwitz.

Ein kirchlicher Friedhof schmeckt der SED-Führung gar nicht. Die Sozialistische Einheitspartei Deutschland ist in der sowjetischen Besatzungszone, am 26. April 1946, durch den Zusammenschluss von KPD und SPD zur Staatspartei, entstanden. Ambitioniert will die junge Partei politische Zeichen setzen und denkt an eine große Gedenkstätte für die Märzkämpfe in Leuna. Zunächst findet ein internes Treffen statt, an dem der SED-Fraktionsvorsitzende in Sachsen-Anhalt, Bernard Koenen und Vertreter der SED Leuna sowie der Kreisleitung Merseburg beteiligt sind. Einige der Versammelten sind ehemalige ,Märzkämpfer'.

Schnell ist man sich darüber einig, die Toten vom kirchlichen Friedhof in Kröllwitz auf den Stadtfriedhof Kötzschener Strasse in Leuna umzubetten. Dort sollen alle Märzgefallenen, auch die an anderen Orten beerdigten, zusammengeführt werden, und in einem gesonderten Teil des Friedhofs ein Gräberfeld, zusammen mit toten Zwangsarbeitern und Opfern des Luftkrieges, entstehen. Auch der Gedenkstein vom Gänseanger wird auf den Stadtfriedhof Leuna versetzt, wobei die Aufschrift aus der

NS-Zeit verschwindet. *„Den gefallenen Leuna-Kämpfern zum Gedenken, den Lebenden zur Mahnung"*, steht fortan auf dem Findling.

Zunächst sind Parteiveteranen und Märzkämpfer vom Aufbau des Sozialismus in der DDR überzeugt. Das ändert sich bei etlichen bald.

Am 12. September 1948, zum *Tag der Opfer des Faschismus*[190], findet die Einweihung der neuen Gedenkstätte statt. Weiter ist von der örtliche SED-Führung angedacht, aus dem Gräberfeld eine Großgedenkstätte für alle im Klassenkampf umgekommenen Menschen der Region Halle-Merseburg, samt Zwangsarbeiter und Zwangsarbeiterinnen und Kriegsopfern, entstehen zu lassen. Diese Idee hat keinen langen Bestand, da eine solche Anlage, mit 19.122 Gräbern[191], viel zu groß für den kleinen Stadtfriedhof wäre. Es bleibt bei dem entstandenen Gräberfeld, wo von nun an die Feierlichkeiten für die ‚Märzkämpfer' stattfinden. Niemand denkt mehr daran, den Stein noch einmal an den abgelegenen Gänseanger bei Kröllwitz zurückzuversetzen. Bereits in dieser Phase stellt sich bei einigen Parteiveteranen Ernüchterung über die politischen Zustände in der sowjetischen Besatzungszone ein. Beflügelt durch ein neues Selbstbewusstsein bringen sich anfangs viele altgediente Parteimitglieder, unter ihnen etliche überleben-

190 Der OdF-Tag, am zweiten Sonntag im September, entsteht bereits 1945 und wird ab 1948 zu einem politischen ‚Kampftag'. In der DDR ideologisch von der SED-Geschichtsauffassung vereinnahmt finden am OdF-Tag Kundgebungen, Reden und Aufmärsche statt, in der Bundesrepublik wird der OdF-Tag teilweise kriminalisiert und spielt nur für VVN, DKP und deren Vorfeldorganisationen eine Rolle.

191 *„Prinzip Ferdinand Lassalle"*, Heft 8, HIKO SPD Landesverbandes Sachsen-Anhalt, S.16.

Peter Utzelmann, alias Kempin. Im Jahr 1921 „Kampf-Kommandant“ der Leuna-Werke. Aufnahme nach 1945.

de ‚Märzkämpfer‘, in die politische Aufbauarbeit ein. Kritik von diesen anerkannten Autoritäten kann nicht einfach beiseitegeschoben werden. Das entwickelt sich zum Problem für die Führungs-Gruppe um Walter Ulbricht in der SED, die ihren Machtanspruch untergraben sieht.

Ein Problem, dem sich schnell entledigt wird. Die 12. Tagung des SED-Parteivorstandes am 28./29. Juli 1948 beschließt sich in eine ‚Partei neuen Typus‘ umzuwandeln, d.h. das stalinistische Parteimodell der KPdSU zu übernehmen. Erste Ausschlussverfahren werden in Gang gesetzt und dafür im Januar 1949 eine Zentrale Parteikontrollkommission geschaffen. Unter der Parole ‚Kampf gegen den Sozialdemokratismus‘ beginnen in der SED, noch vor Gründung der DDR am 7. Oktober 1949, umfangreiche politische ‚Säuberungen‘.[192]

Zu den Kommunisten der ersten Generation, die bei der SED in Ungnade fallen, gehört auch Franz Peter Utzelmann, Kampfname Kempin, der einstmalige ‚Kommandant der Leunawerke‘. Er überlebt die NS-Herrschaft, tritt im Dezember 1945 in die KPD, dann SED, ein und arbeitet zunächst als Redakteur beim Berliner Rundfunk. Utzelmann hat enge Kontakte zur SMAD (Sowjetische Militäradministration in Deutschland). Im Sommer 1948 ist er bei der Deutschen Wirtschaftskommission als Hauptdirektor für die Kontrolle der Holzindustrie der Länder Brandenburg und Mecklenburg zuständig. Trotz seiner privilegierten Stellung macht Utzelmann keinen Hehl aus seiner Kritik an der Politik der Sowjetunion und der SED-Führung. Bald wird ihm Korruption und Amtsmissbrauch vorgeworfen, er wird aus der SED ausgeschlossen und sitzt von Mai bis November 1949 in Untersuchungshaft. Im März 1950 flüchtet Utzelmann nach West-Berlin. Das Landgericht Eberswalde verurteilt den Abtrünnigen

192 *Die Staatspartei der DDR. SED Sozialistische Einheitspartei Deutschlands*, MDR-Zeitreise, 29.11.2021

im Oktober 1950 in Abwesenheit wegen ‚Devisenvergehens' zu zwei Jahren Gefängnis. In West-Berlin engagiert sich der Dissident in der neugegründeten SOZIALWISSENSCHAFTLICHEN VEREINIGUNG (SWV) und dem BUND FREIHEIT UND RECHT. Utzelmann stirbt am 8. Mai 1972 in Westberlin.[193]

Für den SED-Parteiapparat sind solche Einzelschicksale nicht weiter von Belang. Es geht um Größeres. Entsprechende Entschlüsse fasst die 2. Parteikonferenz der SED, die vom 9. bis 12. Juli 1952 in Ost-Berlin zusammentritt. Unter der Parole ‚Aufbau des Sozialismus' werden weitgehende Maßnahmen zur Stalinisierung der DDR beschlossen. Die fünf Länder werden in 14 Bezirke umgewandelt und die KVP (KASERNIERTE VOLKSPOLIZEI) soll zu einer nationalen Streitmacht ausgebaut werden. Des Weiteren ist die Kollektivierung von Betrieben und Bauernhöfen voranzubringen. Dies bedeutet, Bauern und kleine Handels- und Gewerbebetriebe zur Aufgabe ihrer Selbstständigkeit zu zwingen.

All das kann nichts daran ändern, dass die DDR im Frühjahr 1953 in wirtschaftliche Schwierigkeiten gerät. Der Staatshaushalt ist durch Besatzungskosten und Reparationsleistungen an die Sowjetunion stark belastet. Zusätzlich verschlingt die Aufrüstung der KVP große Summen. Investitionen lenkt die SED-Führung vorwiegend in den Aufbau einer Schwerindustrie, was zu Lasten der Lebensmittel- und Konsumgüterversorgung geht. Dazu kommt eine Missernte im Jahr 1952. So steht das Jahr 1953 im Schatten einer Ernährungskrise, die an die Zustände in der frühen Nachkriegszeit erinnert.[194] Die ökonomischen Schwierigkeiten verstärken die sprichwörtliche ‚Abstimmung mit den Füßen', also die Abwanderung in den Westen. Vor allem der Schwund an Fachkräften trägt zur weiteren Minderung der Wirtschaftsleistung bei.

Trotzdem legt sich die DDR-Regierung auf große Pläne fest. Dazu gehört der Beschluss des Ministerrates vom 30. April 1953 zur Bildung einer Gemeinde ‚Groß-Merseburg'. Bis 1960 sollen in dieser Gemeinde 100.000 Menschen leben, für die man gleich ein ideologisches Freizeitangebot einplant. Aus dem West- und Nordflügel des Merseburger Schlosses, die den Zweiten Weltkrieg überstanden haben, soll ein Che-

193 Bundesstiftung Aufarbeitung. Biografische Datenbanken: Utzelmann, Peter.

194 Buchheim, Christoph: *Wirtschaftliche Hintergründe des Arbeiteraufstandes vom 17. Juni 1953 in der DDR*, Vierteljahrshefte für Zeitgeschichte, Heft 3, München 1990, S. 428.

miemuseum gemacht werden. Aber kein Technologiemuseum, sondern ein Museum der revolutionären Arbeiterbewegung. In diesem Zuge will man den zerstörten Ostflügel abtragen und in dessen Breite und Mauerwerk eine ‚sozialistische Treppe' bis zur Saale bauen.[195] An der Saale entlang soll ein Ernst-Thälmann-Wanderweg nach Leuna-Kröllwitz führen. Am Ende der Wanderung käme man bei einem großen Thälmann-Denkmal am Gänsenager an. Als Vorlage für das Denkmal dient das Foto, das den KPD-Vorsitzenden bei der Einweihung des Gedenksteins am 20. März 1927 zeigt.[196] Pläne sind das eine – ihre Umsetzung das andere. Dem Projekt Groß-Merseburg kommt jedenfalls ein Aufstand dazwischen.

Das ZK der SED reagiert auf die wirtschaftliche Misere mit verstärkter Propaganda, Repression und der Erhöhung der Arbeitsnormen um zehn Prozent bis zum 30. Juni 1953, dem 60. Geburtstag des ‚Generalsekretärs' Walter Ulbricht. Normerhöhung ist eine Umschreibung für Lohnsenkung.

Vielen Menschen reicht es! Auf dem Land kommt es ab dem 12. Juni zu spontanen Protestaktionen, Ortsbürgermeister werden abgesetzt, Fahnen verbrannt. Am 16. Juni springt der Funke auf die Bauarbeiter in Ostberlin über, die dort am Prestigeobjekt Stalinallee arbeiten. Hauptforderungen sind die Rücknahme der Normen und freie Wahlen – in diesem Zusammenhang auch die Einheit Deutschlands. Am nächsten Morgen erfasst die Bewegung die gesamte DDR, geschätzt 1,5 Millionen Arbeiter*innen treten in den Streik.[197] Im Zentrum des Volksaufstands des 17. Juni steht Ostberlin, aber auch das Mitteldeutsche Chemiedreieck.

In den Leuna-Werken, dem größten Chemiekomplex der DDR legen gegen 8 Uhr die ersten Arbeiter die Arbeit nieder. Schnell breitet sich der spontane Streik aus, nur an den Chemieanlagen wird weitergearbeitet, um Explosionen und Schäden an den Anlagen zu verhindern. Eine Protestkundgebung von etwa 3.000 Arbeitern und Arbeiterinnen, die bald auf 7.000 Menschen anwächst, sammelt sich am Bau 24, dem Haupteingang.[198] Die Arbeiter haben sich einen Lautsprecherwagen aus dem Werk geholt

195 Die Pläne werden nicht realisiert, stattdessen wird der zerstörte Ostflügel bis 1971 originalgetreu wieder aufgebaut.

196 StA Leuna; Rep. XVIII; Akte Nr. 95.

197 Ecke, Birk Karsten: *Der Volksaufstand des 17. Juni in Mitteldeutschland*, Harz-Saale.de, 8.12.2012.

198 Bundesarchiv, II.7: Der Aufstand im Bezirk Halle, *Protest in den Leuna-Werken.*

und fordern eine Senkung der Arbeitsnormen und die Entwaffnung der Werkspolizei. Letzteres wird sofort von den Streikenden selbst vorgenommen. Des Weiteren wird die Einsetzung eines deutschen Werkleiters gefordert – Leuna untersteht immer noch einer sowjetischen Leitung – und, dass der *„schändliche Name ‚Walter Ulbricht' vom Werk verschwindet"*[199]. Während die einen reden, reißen andere ein acht Meter großes Bild von Walter Ulbricht am Werk nieder.[200] Auch stürmen Aktivist*innen die Partei-, Gewerkschaft- und FDJ-Zentrale in den Leuna-Werken. Die dort befindlichen Funktionäre springen aus den Fenstern.[201]

Plötzlich ist eine Bewegung mit weitergehenden Forderungen in Gang gekommen. Alle politischen Gefangenen sollen freikommen und der Betriebsrat aufgelöst werden, der Rücktritt der DDR-Regierung und anschließend Neuwahlen werden verlangt. Ein einiges, demokratisches Deutschland wird zum Ziel erhoben.[202] Nachdem die Menge auf über 10.000 Menschen angewachsen ist, setzt sie sich gegen 11 Uhr in Richtung Merseburg in Bewegung, um sich dort mit Streik-Demonstrationen aus anderen Orten, wie dem Buna-Werk, zu vereinen. Polizei oder andere staatliche Ordnungshüter lassen sich nicht blicken.

In Merseburg wird das Gefängnis gestürmt und eine gemeinsame Streikleitung gebildet. Abschließend findet auf dem Uhlandplatz eine Kundgebung statt. Hauptredner Friedrich Schorn fordert die Demonstranten und Demonstrantinnen auf, nun in die Betriebe zurückzukehren, dort nichts zu zerstören und weiter zu streiken. Gegen Nachmittag treffen sowjetische Soldaten ein und gegen die sich bereits zerstreuende Menge eingesetzt.[203] In Halle werden nach einer Großkundgebung die SED-Bezirksleitung und andere Verwaltungsbüros sowie das Untersuchungsgefängnis gestürmt. Auch das Zuchthaus Roter Ochse

199 Bundesarchiv, II.7: *Schilderung der Geschehnisse in Halle durch einen Arbeiter der ‚Leunawerke'*, Audio.

200 Birk Karsten Ecke: *Der Volksaufstand des 17. Juni in Mitteldeutschland*, Harz-Saale.de, 8.12.2012

201 *Protestmarsch nach Merseburg*: Video 17. Juni 1953, MDR, 16.6.1993.

202 Fiedler, Joachim: *Der 17. Juni 1953 in Leuna*, 12.5.2002.

203 Bundesarchiv, II.7: *Protestzug der Leuna-Arbeiter nach Merseburg, Der Aufstand im Bezirk Halle.*

wird belagert und mit Steinen beworfen. Beim Versuch, das Haupttor mit einem LKW einzurammen, werden vier Demonstranten von Volkspolizisten erschossen und etliche verwundet, von denen einer später seinen Schussverletzungen erliegt.

Trotz bereits verhängten Ausnahmezustands kommt es gegen 18 Uhr auf dem Hallenser Markt zu einer letzten Kundgebung mit 60.000 Menschen. Sowjetische Panzer und Soldaten zerstreuen am Ende die Versammlung. Dabei wird ein weiterer Demonstrant erschossen und eine unbekannte Zahl verletzt. Mit dem Einsatz des sowjetischen Militärs ist der Aufstand zerschlagen, auch wenn am nächsten Tag noch gestreikt wird und es bis zum 20. Juni dauert, bis sich die Lage vollständig normalisiert.

Am 18. Juni stehen sowjetische Truppen und Panzer auch in den Leuna-Werken. Hier gibt es keine Auseinandersetzungen mit Toten und Verletzten. Aber nach dem Ende der Erhebung beginnt, gestützt auf Spitzel-Informationen, eine umfangreiche Verhaftungswelle. Insgesamt werden in der DDR mindestens 15.000 Menschen im Zusammenhang mit dem 17. Juni 1953 verhaftet, 50 sterben bei der Niederschlagung der Demonstrationen durch sowjetische Kugeln, 18 werden standrechtlich erschossen.[204]

Weil man Sündenböcke braucht und abschrecken will, werden außer Haftstrafen auch Todesurteile gefällt, wie gegen den Magdeburger Gärtner Ernst Jennrich und Erna Dorn aus Halle. Beide werden mit dem Fallbeil[205] enthauptet. Der Müller Herbert Stauch und der Maler Alfred Dartsch stehen nach ihrer Verhaftung am 17. Juni 1953 in Magdeburg vor einem Sowjetischen Militärtribunal, das sie im Schnellverfahren zum Tode durch Erschießen verurteilt. Magdeburger Volkspolizisten vollstrecken den Richterspruch am 18. Juni 1953 durch Genickschüsse. [206]

Nach dem Aufstand wird rigoros ‚aufgeräumt' – von eben der Partei, die sich in die Tradition des mitteldeutschen Aufstands von 1921 stellt.

204 Bundesstiftung Aufarbeitung: *Erinnerungsorte an den Volksaufstand vom 17. Juni 1953*.

205 In der DDR wird die Todesstrafe bis 1981 vollstreckt und erst 1987 abgeschafft. In der Bundesrepublik gibt es die Todesstrafe zu keinem Zeitpunkt.

206 Bpb, Tote des 17. Juni 1953, *Alfred Dartsch*, 2004, http://www.17juni53.de/tote/dartsch.html [16.7.2024].

Repression beschreibt jedoch nur eine Seite des staatlichen Handelns. Um der allgemeinen Unzufriedenheit zu begegnen ist die Regierung der DDR gezwungen, ihre Wirtschaftsplanung zu ändern. Die Preise für Lebensmittel und Produkte des täglichen Bedarfes werden gesenkt, die Normerhöhung rückgängig gemacht und eine Steigerung der Konsumgüterproduktion in Angriff genommen.

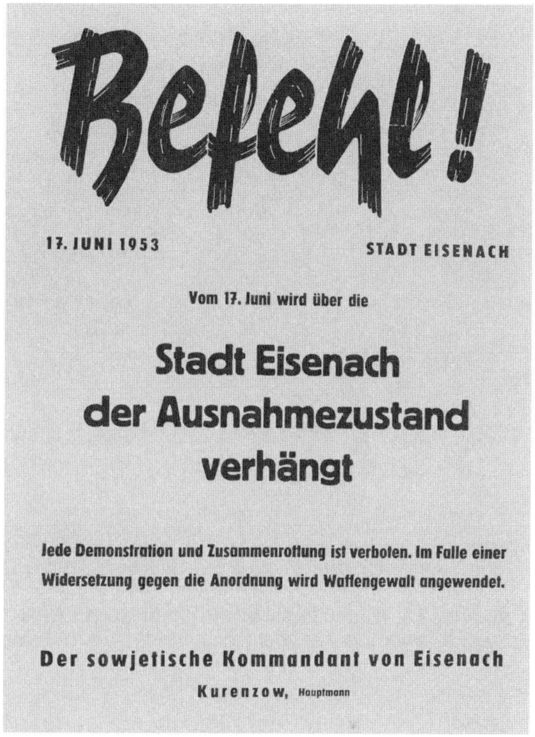


Am 17. Juni 1953 kommt es in der DDR zu einem Volksaufstand. Mit Hilfe von sowjetischem Militär wird er niedergeschlagen.

Im Zuge der Umorientierung fallen angedachte Vorhaben unter den Tisch. Beispielsweise werden die Planungen für ein Groß-Merseburg samt Ernst-Thälmann-Wanderweg nicht weiter vorangetrieben. Doch dem Ministerrat in Ostberlin liegt an einem politischen Zeichen, einem Symbol der Macht, in Mitteldeutschland. Eine monumentale Thälmann-Plastik, die eigentlich für das Ende des Wanderweges in Leuna-Kröllwitz gedacht war, soll dort, mit einer Großkundgebung am 21. März 1954, eingeweiht werden. Die Bautechnische Abteilung der Leuna-Werke erhält den Auftrag für Sockel und Aufbauten. Angeliefert wird die übergroße Thälmann-Plastik erst in der Woche vor der geplanten Enthüllung. Sie besteht aus mehreren Teilen, die zusammengesetzt aber kaum Ähnlichkeit mit dem KPD-Führer aufweisen.

Wegen seine Ähnlichkeit zum Duce verschwindet das Thälmann-Denkmal 1954 kommentarlos in der Nacht, vier Tage bevor es eingeweiht werden soll. Als Notlösung wird der alte Gedenkstein wieder aufgebaut. Die Mobilisierung kann nicht mehr verändert werden, sie zeigt das Konterfei des KPD-Vorsitzenden.

Dazu der Bauleiter: *„Ein Steinmetz aus meinem Betrieb hat den Zusammenbau der Figur fachmännisch und sauber ausgeführt und die Nähte sauber bearbeitet. Enttäuscht von dem Aussehen der Statue war nicht nur ich, sondern auch meine Leute. Sie waren schon alle älter, hatten die nationalsozialistische Zeit mitgemacht. - Ist das Ernst Thälmann??? – So fragten wir uns alle, aber keiner ließ etwas verlauten. Er hatte keine Mütze auf, die für ihn so typisch war, die rechte Faust war geballt. – So hatte einst der ‚Duce'-Mussolini, der italienische Faschistenführer, ausgesehen."*[207] Plötzlich und unangemeldet taucht vier Tage vor der geplanten Einweihung eine Fahrzeugkolonne mit Berliner Kennzeichen an der Baustelle auf. Einige ‚wichtige' Persönlichkeiten nehmen die missratene Thälmann-Plastik in Augenschein und verfügen ihren sofortigen Abbau. Erst jetzt, als Notlösung, kommt man auf den Findling zurück, der auf dem Stadtfriedhof Leuna steht. Dazu noch einmal der Bauleiter *„Abends im Dunkeln bei Scheinwerferlicht wurde die Statue im Ganzen,*

207 StA Leuna; Rep. XXIII; Akte Nr. 38; Bl. 4 ff.

Vorausgesetzt sie verhalten sich staatskonform, genießen Veteranen aus den ‚Märzkämpfen' in der DDR hohes Ansehen. Am 15. August 1957, zu einer Zeit, als die SED längst ihre Alleinherrschaft durchgesetzt hat, wird die Medaille für die Kämpfer von 1918 – 1923 gestiftet. Die Verleihung erfolgt durch den Ministerrat der DDR.

*wir bekamen sie so schnell nicht mehr auseinander, vom Sockel gehoben und auf einem Tieflader in das Werk nach Bau 27 (Transportbetrieb) gebracht. Über den Verbleib der Figur kann ich nichts weiter berichten. Auch waren wir zum Schweigen angehalten. Der Stein fand seinen Platz auf dem Denkmalsockel.*"[208]

Die Öffentlichkeit erfährt von all dem nichts. In Sonderzügen, Sonderbussen und Sonderstraßenbahnen kommen am 21. März 1954, nach Zählung der SED, 200.000 Menschen aus allen Kreisen des Bezirks Halle, den Nachbarbezirken und Ostberlin nach Kröllwitz.[209]

Damit beginnt eine neue Phase im Gedenken an die Mitteldeutschen Märzkämpfe, dass nun ganz und gar Parteisache ist und immer militaristischer begangen wird. Beispielsweise marschieren anlässlich des 35. Jahrestages, dem 18. März 1956, die Betriebskampfgruppen des Bezirks in Halle auf.

Die Kampfgruppen der Arbeiterklasse oder Betriebskampfgruppen werden als Reaktion auf den Volksaufstand am 17. Juni 1953 im Dezember des Jahres aufgestellt. Ihr Ziel ist „Feinde des Sozialismus" zu bekämpfen. Die Ausrüstung umfasst militärische Bewaffnung bis hin zu Schützenpanzern. Zunächst in ‚Blaumännern' mit schwarzen Arbeitermützen und roten Armbinden auftretend wird bald eine Uniform eingeführt die, samt Stahlhelm, der NVA sehr ähnlich ist. Kommandeursfunktionen sind SED-Mitgliedern vorbehalten. 1980 gehören den Kampfgruppen mehr als 200.000 Personen, überwiegend Männer, an.

Mehr als zwei Stunden dauert die Militärparade von Kampfgruppen, Volkspolizei und GST. Die Gesellschaft für Sport und Technik ist eine 1952

208 StA Leuna; Rep. XXIII; Akte Nr. 38; Bl. 4 ff.

209 Günter John: *Der Stein auf dem Gänseanger*, S. 48.

Von 1956 bis 1989 wird jedes Jahr ein unterschiedlich gestaltetes Blechabzeichen zum ‚Märztreffen' ausgegeben.

auf Beschluss der SED gegründete paramilitärische Massenorganisation. Bei der GST geht es um vormilitärische Ausbildung von Jugendlichen, sie dient als Dachverband verschiedener DDR-Sportverbände und vor allem der Rekrutierung für NVA und Grenztruppen. 1989 hat die GST fast 650.000 Mitglieder. An der Spitze der Kampfgruppen-Hundertschaften weht die Fahne von Kriwoj Rog. Diese Fahne erhielt die KPD 1929 von der Kommunistischen Partei der Sowjetunion. Bei kommunistischen Demonstrationen im Mansfeler Land wurde sie während der Weimarer Republik stets mitgeführt und in der Zeit des Nationalsozialismus vom Kommunisten Otto Brosowski versteckt. In der DDR wird die Fahne zum politischen Kultobjekt. Es entsteh ein Roman, ein Kammerspiel und ein Fernsehfilm.Auch Fahnen des Roten Frontkämpfer Bundes werden mitgeführt. Beim Appell im Kurt-Wabbel-Stadion in Halle treten 22.000

Im Jahr 1964 findet am Denkmal in Kröllwitz zur Erinnerung an die Gründung des *Roten Frontkämpferbundes* eine Großkundgebung statt. Der RFB ist 1924 gegründet und 1929 verboten worden.

Der historische Gedenkstein kommt 1954 als Notlösung wieder ins Spiel und wird zum Zentrum der Gedenkanlage in Leuna-Kröllwitz. Ein Höhepunkt ist das jährliche Märzgedenken der *Betriebskampfgruppen*, stets ein militaristisches Spektakel. Hier ein Foto aus den 1980-er Jahren mit AK47 Kalaschnikow.

Mitglieder der Kampfgruppen und 4.100 ‚Kameraden' der GST an.[210] Seit diesem Märztreffen werden Gedenkplaketten der SED-Kreisleitung Leuna herausgegeben.

Ehrenposten der NVA bei einer Gedenkfeiern für die Märzgefallenen an der Gedenkstätte in Leuna-Kröllwitz. Aufnahme aus den 1980er-Jahren.

210 John: *Der Stein auf dem Gänseanger*, S. 48 f.

## Propagandagedenken

Massenkundgebungen am Gedenkstein in Leuna-Kröllwitz und militärische Paraden in Halle reichen der SED bald nicht mehr aus. Im Jahre 1960 beauftragt die SED-Kreisleitung Leuna den Architekten Paul Köhler von der Bauabteilung der Leuna-Werke mit der Projektierung eines Denkmals. Es soll zum 40. Jahrestag der Märzkämpfe, am 19. März 1961, eingeweiht werden. Das Denkmal gliedert sich in zwei Bereiche. Einen tieferen Teil, vor dem sich ein Aufmarschplatz befindet. Breite, flache Stufen führen von dort zu einer Plattform, die als Bühne dient und deren Rückseite aus einer großen Wand von rotem Phorphyr besteht. An ihr sind zwei Bronzereliefs von Heinz Beberniß angebracht. Sie zeigen, im Stil des sozialistischen Realismus, den Verlauf des Mitteldeutschen Aufstandes aus Sicht der SED mit der heilbringenden Figur von Ernst Thälmann im Zentrum. Links neben diesem tieferen Teil ist ein Hügel aufgeschüttet, über dessen seitliche Stufenaufgänge man den historischen Gedenkstein erreichen kann.

Zur Einweihung kommen nach offiziellen Angaben 70.000 Menschen. Betriebskampfgruppen und bewaffnete Ehrenposten am Gedenkstein geben der Veranstaltung ein militärisches Gepräge. Neben SED-Parteiprominenz ist als Ehrengästin Rosa Thälmann, die Witwe von Ernst Thälmann, anwesend.

Das Denkmal in Kröllwitz ist von seiner Bedeutung für die DDR mit dem sowjetischen Ehrenmal in Treptow, dem Mahnmal Buchenwald und der Gedenkstätte der Sozialisten auf dem Zentralfriedhof Berlin Friedrichsfelde zu vergleichen. Freilich mit dem entscheidenden Unterschied, dass alle anderen Gedenkstätten auch gleichzeitig Friedhöfe sind.

Das 1961 fertiggestellte Denkmal in Kröllwitz mit angetretenen *Betriebskampfgruppen*. Links der aufgeschüttete Hügel mit dem historischen Gedenkstein.

Außer den jährlichen Märzfeiern finden am Denkmal in Kröllwitz auch zu anderen Terminen und Themen Veranstaltungen statt. Beispielsweise wird am 26. Juli 1964 eine Großkundgebung zum 40. Jahrestag der Gründung des ROTEN FRONTKÄMPFERBUNDES durchgeführt. Am 26. Oktober 1967 findet der Aufmarsch zum 50. Jahrestag der ‚großen Sozialistischen Oktoberrevolution' statt. Dabei wird die ‚Flamme der Revolution' entzündet und auf den Weg zum ‚Leningrader Heldenfriedhof' geschickt. Auch finden am Denkmal Vereidigung von Wehrpflichtigen der NVA, feierliche Gelöbnisse der ORDNUNGSGRUPPEN DER FDJ[211] und Apelle von Kampfgruppen der Kreisorganisationen statt.

Seit dem 19. März 1971 startet von Kröllwitz der jährliche Märzgedächtnislauf, ein ‚wehrsportliches Ereignis'. Ende Mai des Jahres führt der GST-Schiffsmodellbau auf dem Teich des Gänseangers den ersten DDR-weiten Wettkampf durch.[212] Die Liste lässt sich lange fortsetzen.

Bei größeren Veranstaltungen, wie zu den Märzkämpfen, wird oft die Stadt Halle mit einbezogen. So auch 1986, als Erich Honecker, Generalsekretär des Zentralkomitees der SED und Vorsitzender des Staatsrates, vor angeblich 100.000 begeisterten Menschen spricht. Abschließend findet eine Militärparade der BETRIEBSKAMPFGRUPPEN statt. Ein Bericht dokumentiert die damalige Propaganda: *„Das großartige Märztreffen 1986*

211 *Ordnungsgruppen der FDJ* (Freie Deutsche Jugend) ist ein spezieller Sicherheitsdienst der einzigen kommunistischen Jugendorganisation in der DDR. Die FDJ gilt als Kampfreserve der SED, die offiziell keine eigene Jugendorganisation besitzt. *Ordnungsgruppen* sind oft als Hilfskräfte der *Volkspolizei* eingesetzt.

212 John: *Der Stein auf dem Gänseanger*, S. 52.

Die eingelagerten Bronzereliefs von Heinz Beberniß am Denkmal in Kröllwitz zeigen den Aufstand und die Aufstellung des ursprünglichen Denkmals. Bemerkenswert sind die vielen abgebildeten Frauen. Entsprechend dem historischen Geschehen als Sanitäterinnen und Versorgerinnen der Kämpfer. Von rechts greift die Schupo an. Hinter den Angreifern die misshandelten Gefangenen im Kerker.

Die Szene auf dem zweiten Bronzerelief zitiert am linken Rand die geheime Aufstellung des Findlings am Gänseanger. Im Zentrum ist die Einweihung durch den KPD-Vorsitzenden Thälmann 1927 zu sehen. Rechts schließt sich das dankbare, befreite Volk an. Alte, Frauen, Männer und Kinder sind deutlich zu erkennen.

*endete mit dem beeindruckenden Vorbeimarsch von 6.000 Kämpfern und Kommandeuren auf dem Hansering. Die Kampfgruppen-Bataillone ‚Bernard Koenen' aus den VEB Leuna-Werken, Träger des Karl Marx Ordens, ‚Max Lademann' aus dem Mansfeldkombinat, Träger des Ehrennamens ‚Einheit der DSF' und ‚Karl Meseberg' aus hallischen Industriebetrieben, Träger des Kampfordens ‚für Verdienste um Volk und Vaterland', die ausgezeichneten Hundertschaften aus anderen Kombinaten und Betrieben des Bezirks demonstrierten ihre Entschlossenheit, am Arbeitsplatz und in der militärischen Ausbildung Bestleistungen für Frieden und Sozialismus zu vollbringen.*"[213]

Auf Halle strahlen die Aktivitäten am Denkmal in Kröllwitz noch in anderer Form aus. Mit dem Jugendmeeting, das am 28. September 1970 beim ‚Märzkämpfer'-Denkmal stattfindet, startet die ‚Aktion Panzerzug 1921'. D.h. die FDJ-Kreisorganisation verpflichtet sich, zum 50. Jahrestag der Märzkämpfe, den Panzerzug von 1921 originalgetreu nachzubauen und im Bildungszentrum von Halle-Neustadt als Denkmal aufzustellen.

213 John: *Der Stein auf dem Gänseanger*, S. 56.

Der Panzerzug Nachbau von 1971 in Halle-Neustadt. Bühne für Partei-Veranstaltungen aller Art. Nach 1989 verottet das FDJ-Prestigeprojekt, bis die Waggons 1994 verschrottet werden, die Lok kommt, ohne Panzerplatten, in ein Eisenbahnmuseum.

Tatsächlich treiben die FDJ-Aktivisten die originale Werks Lok 23 auf, welche die Aufständischen in Leuna eilig mit zentnerschweren Stahlplatten verkleidet hatten. Die Lok bleibt bis 1966 im Dienst und rottet dann auf einem Abstellgleis in den Leuna-Werken vor sich hin. Auch zwei alte, ausgemusterte Schüttgutwagons lassen sich finden und mit Stahlplatten bewehren. Den Standort für den nachgebauten Panzerzug herzurichten, gibt die SED-Parteileitung in Auftrag und lässt sich das 150.000 Mark kosten.[214]

Man verspricht sich viel von diesem ‚Jugendobjekt'. Panzerzug hört sich mächtig an. Es handelt sich aber um eine mit Stahlplatten abgedeckte Lok, mit ebensolchen zwei Waggons. So stehen am Ende drei wuchtige, grüne Stahl-Quader auf einem Schotterbett mit Schienen in Halle-Neustadt.

In fein säuberlicher Frakturschrift ist ‚Nieder mit der Hörsing-Meute' und ein fünfzackiger Stern auf die grüne Rostschutzfarbe gepinselt. Die Totenköpfe werden weggelassen.

214 *Letzter Halt Magdeburg*, GWG report, Ausg.2, 8/2016.

Nicht gerade eine Augenweide, der Panzerzug mitten im Plattenbauensemble von Halle-Neustadt. Der rote Stern wurde ab 1989 schwarz/rot übertüncht, wie sich überhaupt Graffiti aller Art schnell an den Panzerplatten finden.

Die Einweihung findet am Abend des 13. März 1971 statt. FDJ und andere Parteigliederungen, treten dazu in Marschordnung mit Fahnen und Fanfaren an. In einer feierlichen Inszenierung geloben die Versammelten bei Fackelschein das Vermächtnis der Märzgefallenen zu erfüllen. Von da an finden an dem Nachbau immer wieder Veranstaltungen statt. Als beispielsweise der kubanische Staatschef Fidel Castro am 15. Juni 1972 Halle-Neustadt besucht, wird ihm nicht nur der Panzerzug präsentiert, sondern auch ein Miniaturmodell zum Geschenk gemacht.[215]

Mit dem Anschluss der DDR an die Bundesrepublik kommt für den Panzerzug das Ende. Niemand kümmert sich mehr um das Denkmal, die Panzerplatten beginnen zu rosten und sind begehrte Flächen für Graffiti aller Art.

Zusehends verfällt die Anlage. Letztlich fehlt der politische Wille, das Ensemble zu erhalten. Im Jahr 1994 meldet sich der Verein Magdeburger Eisenbahnfreunde bei der Stadtverwaltung und schlägt vor, den Zug

215 *Letzter Halt Magdeburg*, GWG report, Ausg.2, 8/2016.

Die Gedenkstätte an den Silos in den Leuna-Werken zu DDR-Zeiten. Hier im ersten Zustand, die Schrift ist noch nicht farbig gefasst und die Faust fehlt.

auf eigene Kosten zu entsorgen. Per Stadtratsbeschluss bekommen die Eisenbahnfreunde das einstige Denkmal geschenkt und transportieren es am 23. November 1994 mit zwei Tiefladern ab. Stahlplatten und Waggons landen beim Schrott und finanzieren das Unternehmen. Die Lokomotive kann heute als Schaustück der Eisenbahngeschichte in Magdeburg bewundert werden.

Vandalismus stellt sich auch schnell beim Denkmal in Kröllwitz ein. Auch hier fehlt der Wille, es zu erhalten. Die gesamte Anlage wird abgetragen. Übrig bleiben die Bronzereliefs von Heinz Beberniß, die ins Depot wandern, und der historische Stein. Er wird ebenerdig in der Nähe des ehemaligen Denkmals, nunmehr zum fünften Mal, neu aufgestellt.

Bereits in der Wendezeit demoliert, der Gedenkstein an den Silos in den Leuna-Werken. Im Jahr 1992 mit den Silos abgerissen.

Die Leuna-Werke werden von der TREUHANDANSTALT aufgeteilt und privatisiert. Dabei kommt es zur LEUNA-AFFÄRE, einem folgenreichen Schmiergeldskandal, in dessen Zentrum der französische Mineralölkonzern ELF AQUITAINE und prominente christdemokratische Politiker stehen.

Schließlich wird ein Großteil der alten Anlagen im Jahr 1992 abgerissen und der Rest saniert. Die Abrissbirnen legen auch die großen Düngemittelsilos nieder, in denen 1921 die Aufständischen unter erbarmungswürdigen Zuständen zwei Wochen eingesperrt vegetieren mussten. In diesem Zuge verschwindet auch eine Gedenkstätte, die zu DDR-Zeiten an den Silos entstanden ist. Die Zahl der Beschäftigten in den rund 100 Firmen im neu entstehenden Chemiepark geht auf 9.000 Personen zurück. Die Raffinerie und die chemische Industrie in Leuna bleiben dennoch weiterhin ein strukturbestimmender Standort in Mitteldeutschland.

## Jordans Grab

Von der Welt vergessen steht am Rande des alten Friedhofs in Wiehe, direkt an der Landesgrenze von Sachsen zu Thüringen, ein ramponierter Grabstein. Sein großes Medaillon, wahrscheinlich aus Kupfer, ist lange herausgebrochen wie auch eine zusätzliche Tafel. Zudem hat sich der Stein im Laufe der Jahre geneigt, und deutlich nagt der Zahn der Zeit am Granit. Aber man kann die Inschrift noch entziffern:

*Aus Überzeugung starb*
*unser lieber Sohn*
*und Sportgenosse*
*Franz Jordan*
*in den Märzkämpfen*
*1921 zu Bachra.*

In persönlichen Worten wird hier eines geliebten Menschen gedacht, wenn auch zwei Tote in dem Grab liegen. Der andere heißt Otto Werner. Für ihn gab es nie einen Stein. Er stammte aus einer armen Familie und war das, was man ‚ein armes Luder' nennt. Welche Geschichte verbindet sich mit diesen Toten?

Die aus den Leuna-Werken entkommene, etwa 150 Mann starke Gruppe Bowitzky/Krone, erreicht am 30. März 1921 Wiehe. Hier schließen sich Jordan und Werner den Rebellen an und ziehen mit der Truppe weiter nach Bachra. Dort stellt Schupo aus Erfurt die Aufständischen am 1. April. Unter den acht Rebellen, die im Gefecht mit der Polizei fallen, sind auch die zwei aus Wiehe.

Von der Welt vergessen, das Grab von Franz Jordan auf dem alten Friedhof in Wiehe/Thüringen. Zustand im Jahr 2011.

Bachra liegt keine 15 Kilometer von Wiehe entfernt, deshalb werden die beiden Toten in ihren Heimatort gebracht und nicht mit den anderen in Bachra bestattet. Auf dem dortigen Friedhof befindet sich ein schlichtes Massengrab. *„In ehrendem Gedenken an die 6 Arbeiter, die in den Märzkämpfen 1921 gefallen sind“*, ist auf der Grabplatte vermerkt. Ein erster Gedenkstein wird in der NS-Zeit zerstört und nach 1945 ein neuer aufgestellt.

Am 2. April 1921 werden auf dem Friedhof der Evangelischen Kirchengemeinde in Wiehe, unter strengster Absperrung, zwei junge Männer *„bei geistlicher Begleitung und Gebet“*[216] beerdigt. Das Kirchenbuch verzeichnet nur bei einem der beiden den Vor- und Zunamen: Franz Jordan. Der andere wird lediglich mit dem Nachnamen genannt: Werner. Oberpfarrer Dr. Schelowski betet am Grab der beiden Toten, obwohl er erst zwei Tage zuvor zusammen mit einem Mitglied der Familie von Werthern als Geisel genommen und mit dem Leben bedroht war. Schelowski vermerkt im Kirchenbuch: *„Beteiligten sich an einem Kommunistenaufruhr. Fielen am 1. April in dem Gefecht gegen Polizeitruppen bei Bachra. Ihre Leichen wurden hier beerdigt unter geistlichem Geleit. Friedhof wurde durch Polizeimannschaften gegen das Publikum abgesperrt.“*[217]

Wohl gemerkt ist dieses Publikum nicht erschienen, um den beiden Toten die letzte Ehre zu erweisen, sondern es sind die Einwohner*innen, welche die Besetzung von Wiehe durch die Aufständischen wie einen Alptraum erlebten. Die aufgebrachte Menschenmenge will die Toten nicht auf ihrem Friedhof haben.

Letztlich kann der Grabstein für Jordan aufgestellt werden und die Zeit geht über die Ereignisse hinweg. Allem zum Trotz bleibt das Grab bestehen, gerät aber mehr und mehr in Vergessenheit.

Gleich nach seinem Amtsantritt in Wiehe, im Frühjahr 1965, bekommt es der neue Ortspfarrer Gottfried Braasch mit der Gedenkstätte auf dem Friedhof der Evangelischen Kirchengemeinde zu tun. Die Kreisleitung der SED forderte ihn auf, die Grabstelle der Familie von Werthern zu

216 Braatsch, Gottfried: *Wie es eigentlich gewesen ist. Die Märzkämpfe in Wiehe*, unveröffentlichter Artikel von 1991, im Besitz des Autors.

217 Zit. in: Braatsch: *Wie es eigentlich gewesen ist.*

beseitigen, da sie abgelaufen sei. Der Pfarrer fragt nach, ob auch die Grabstelle der ‚Märzkämpfer' beseitigt werden soll, da diese bestimmt nicht verlängert wurde. Braasch forscht nach und kann sich dann davon überzeugen, dass die Werthernsche Stelle, da Patronatsfamilie, ein unbefristetes Liegerecht hat. Anders ist es bei den ‚Märzkämpfern', hier ist die Grabnutzung schon lange abgelaufen. Der Pfarrer fordert die SED-Ortsgruppe auf, die Pflege zu übernehmen und die Gebühren zu bezahlen. Das wird abgelehnt: *„Auch die Kirche müsse doch das Andenken der Märzkämpfer in Ehren halten."*[218]

Gegenüber Braasch gibt die SED-Kreisleitung zu verstehen, dass man kein Interesse an der alten Geschichte habe. Es erfolgt weder eine Übernahme der Pflege noch eine finanzielle Regelung. In späterer DDR-Zeit wird die Grabstelle mit Steinplatten belegt, die jegliche Pflegearbeiten erübrigen sollen. Freilich steht das gegen die Friedhofsordnung.

Ende der sechziger Jahre wird auf dem städtischen Friedhof eine neue Gedenkstätte errichtet, die nicht nur den ‚Märzkämpfern' gewidmet ist. Urnen von Mitgliedern der SED bzw. Alt-Kommunist*innen werden hier ebenfalls beigesetzt. Ansonsten erhält eine Straße im Neubaugebiet den Namen ‚Franz-Jordan-Straße'.

Um die Grabstelle auf dem Friedhof der Kirchengemeinde kümmert sich niemand. Am 22. Oktober 1992 schreibt Pfarrer Gottfried Braasch: *„Erben gesucht! Die Grabstelle der sog. ‚Märzkämpfer' von 1921 auf dem Friedhof der Evangelischen Kirchengemeinde in Wiehe befindet sich in einem schlechten, nicht gepflegten Zustand. In DDR-Zeiten wurden jährlich Umzüge verordnet. Schüler der POS (Polytechnische Oberschule) ‚Clara Zetkin' mußten die Grabstelle pflegen - Staat, Partei und Schule wollten es so. Die Ortsgruppe der SED unterstellte dem Vorsitzenden des Gemeindekirchenrates unlautere Motive, als sie zur Pflege und zu Grabstellenkosten aufgefordert wurde, und drohte öffentliche Diffamierung an. Wer ist zuständig bzw. fühlt sich verantwortlich für Erhalt und Pflege dieser Grabstelle? Der Ortsverband der PDS als Erbe der SED? Da zuckt man nur müde mit den Schultern und weiß von nichts.*

*Gibt es Angehörige oder Freunde von Franz Jordan? Nachdem mündliche Versuche zur Klärung scheiterten, fordern wir auf diesem Wege auf,*

218 Ebenda.

*sich bis zum 30.11.1992 zur Pflegepflicht bzw. zu diesem Erbe zu bekennen - möglichst schriftlich beim Evangelischen Pfarramt Wiehe. Die Grabstelle muss andernfalls - wie andere ungepflegte oder nicht wieder verlängerte Grabstellen auch - eingeebnet werden."*[219]

Auf diese Ankündigung erfolgt keine Reaktion. Im Gegenteil verschwindet die Erinnerung an die Märzkämpfe weitgehend. Die Franz-Jordan-Straße in Wiehe bekommt einen anderen Namen, und von Otto Werner weiß schon lange niemand mehr etwas. Zwar bleiben die Er-

Auch in Hettstedt, Ortsteil Burgörner-Neudorf, erinnert ein Grabstein aus den 20er-Jahren an den Mitteldeutschen Aufstand. Teilweise kaum noch zu entziffern: „Sie starben für die Freiheit. Gefallen in den Märzkämpfen 1921: Karl Kegel, Paul Stockhaus. Ihr Opfer ist uns Verpflichtung. Karl Kegel war Bauarbeiter, geb. 3.7.1887 – ermordet 26.3.1921; Karl-Paul Stockhaus, geb. 3.2.1888 – gefallen am 27.3.1921.

eignisse vom März/April 1921 in der Stadtgeschichte als Episode vermerkt, doch existiert weiterhin kein Bestandschutz für das Grab von Franz Jordan, einem der letzten authentischen Zeitzeugnisse aus dem Mitteldeutschen Aufstand.

219 Zit. in: Braatsch: *Wie es eigentlich gewesen ist.*

# Was bleibt

Mit dem Anschluss der DDR an die Bundesrepublik verschwinden auch viele Denkmäler aus SED-Zeiten. Man mag dies bedauern, doch sollte man sich immer vergegenwärtigen, dass diese Monumente allesamt dazu geschaffen sind, den Machtanspruch des SED-Staates zu legitimieren. Es geht um ein ideologisches Geschichtsbild, mit dem die Richtigkeit des Marxismus-Leninismus und die Herrschaft der einen Partei propagandistisch festgeschrieben werden soll.

Wenn man das mitdenkt, könnte man sich mit diesen Zeugnissen kritisch auseinandersetzten. Was den Mitteldeutschen Aufstand angeht, ist das aber kaum noch möglich. Die große Gedenkstätte in Leuna-Kröllwitz, der Panzerzug in Halle und die Märzgefallenen-Gedenkstätte am Silo in den Leuna-Werken sind verschwunden. Das Werk selbst ist zu großen Teilen abgerissen und ein neuer Industriepark entstanden. Aber auch die Denkmäler, die sich verteilt in der Region befanden, existieren nicht mehr.

Im Jahr 1970 veranlasst die SED-Kreisleitung Sömmerda am westlichen Ortseingang von Bachra den Bau einer Gedenkstätte zur Erinnerung an das dort stattgefundene Gefecht vom 30. März 1921. Zur Gewinnung der Bossensteine, die zum Bau einer größeren, leicht halbrunden, Mauer gebraucht werden, wird ein Teil der Schlossmauer des in Bachra von der Familie von Werthern erbauten Schlosses abgebrochen.[220] Auf dem neu entstandenen Mauerwerk werden Bronzereliefs zu den Märzkämpfen montiert. Im Zuge der Wende 1989 verschwindet die Erinnerungsstätte.

220 Die Familie von Werthern wird 1945, im Zuge der Bodenreform in der Sowjetischen Besatzungszone, entschädigungslos enteignet und vertrieben. Im Schloss wird eine SED-Parteischule eingerichtet. Bis 1989 gilt für alle Familienangehörige ein Kreisverbot. Heute ist das Schloss in anderem Privatbesitz.

Die Reliefs werden demontiert und kommen ins Heimatmuseum, von der ehemaligen Gedenkstätte bleibt ein belangloser Parkplatz.

Max Hoelz richtet sein Hauptquartier am 23. März 1921 in der Gemeinde Helbra ein. Bevor die Schupo ihn stellen kann, verlässt er am 25. März den Ort. In den drei Tagen requirieren die Aufständischen auch in den umliegenden Ortschaften alles, was sie gebrauchen können, und nehmen Geiseln. Es schließen sich aber auch Freiwillige aus Helbra den Rebellen an.

Am 9. März 1962 wird deshalb im örtlichen Park ein Denkmal für die ‚Märzkämpfer' eingeweiht. Erhöht auf einem kleinen Sockel steht ein 2,5 Meter hoher und drei Tonnen schwerer, kampfentschlossener Arbeiter aus rötlichem Beton. Mit stolzem Blick, barhäuptig, in schlichter Kleidung, umfasst der Kämpfer mit seiner rechten Hand einen Gewehrlauf. Um der Figur Stabilität zu verleihen, steht der Gewehrkolben auf dem Erdboden. Der linke Arm an der Seite, scheint entspannt und doch jederzeit bereit, mit der Hand das Gewehr in Anschlag zu bringen.

Hinter der Figur befindet sich eine halbhohe Mauer mit vier Tafeln. Unter der Parole *„Sie fielen im mitteldeutschen Aufstand. Ihr Tod ist uns Mahnung und Verpflichtung"*[221] sind zwölf Namen aufgeführt. Darunter auch zwei Tote aus dem Kapp-Putsch und einer aus dem Jahr 1919.

Die Einweihung ist in Helbra eine große Sache. Das Schulorchester spielt, alle Honoratioren und die regionale Parteiprominenz sind dabei. Ihre besondere Weihe erhält die Veranstaltung durch die Anwesenheit von Otto Gotsche, der extra aus Berlin anreist. Gotsche stammt aus dem nur wenige Kilometer entfernten Wolferode. Bereits als 15-Jähriger tritt er 1919 in die KPD ein und ist an den Märzkämpfen beteiligt, wofür er auch verurteilt wird. Als glühender Kommunist bleibt Gotsche der Partei in der Weimarer Republik treu und baut auch in der Zeit des Nationalsozialismus eine Widerstandsgruppe auf.

Bekannt ist Gotsche vor allem durch den Roman *Märzstürme*, in dem er seine Aufzeichnungen und Erinnerungen über den Mitteldeutschen Aufstand verarbeitet. Im Jahr 1933, zur Zeit der Machtergreifung der Nationalsozialisten, wird der Druck des Werkes in der Roten Reihe des Internatio-

221 *Gedenk- und Erinnerungsstätten der Arbeiterbewegung im Bezirk Halle*, Bezirksleitung Halle der SED (Hrsg.), Halle 1982, S. 73.

NALEN ARBEITER-VERLAG der KPD realisiert. Die Auslieferung wird aber durch die Nazis verhindert und die gesamte Auflage eingestampft. Erst im Jahr 1953 kann *Märzstürme*, in einer erweiterten Fassung, erscheinen. Zu diesem Zeitpunkt macht Gotsche Karriere in der SED; 1962 ist er Sekretär des Staatsrates der DDR und arbeitet im persönlichen Umfeld von Walter Ulbricht.

Der Einweihung mit Prominenz folgen in den kommenden Jahrzehnten die entsprechenden offiziellen Feierlichkeiten am Denkmal in Helbra. 1989 ist das schlagartig vorbei. Wie anderen Ortes verfällt die Gedenkstätte. Sprühereien und Vandalismus setzen dem Ensemble zu, eines Tages ist die Hand mit dem Gewehr abgebrochen. Bürgermeister Alfred Böttge (SPD) lässt das Denkmal abbauen und die Figur auf den Hof des Gemeindeamtes sicherstellen. Der ‚Märzkämpfer' geht in die Obhut des Heimatvereins über, der sich aber nicht weiter für die Plastik interessiert. Am ehemaligen Standort des Denkmals entsteht ein Kinderspielplatz.

*Märzstürme* von Otto Gotsche erzählt den Mitteldeutschen Aufstand in romanhafter Form. Von einem Veteranen der Kämpfe in den 1920er-Jahren geschrieben, bleibt das Buch ein authentisches Zeugnis.

Ehrenhain Gröbers, Foto von 2011, im Jahr 2014 abgeräumt.

Nachdem der Heimatverein sich auflöst, übernimmt der Förderverein Schmidt-Schacht den Bestand und es entsteht die Idee, die vergessene Figur als Blickfang auf das Schachtgelände am Ortsrand von Helbra aufzustellen. Tatsächlich wird sie dort im März 2011 platziert. Nach Vorstellungen des Fördervereins soll der ‚Märzkämpfer' als Bergmann ausstaffiert werden. Also Schutzhelm, Grubenlampe und Bohrhammer aus dem Fundus des Vereins verpasst bekommen. Bei der Gelegenheit will man auch die fehlende Hand ersetzen.[222]

Mag der ‚Märzkämpfer' in Helbra als Bergmann kostümiert eine neue Karriere beginnen, endet 2014 in Gröbers für einen Ehrenhain aus DDR-Zeiten endgültig die Geschichte.

In Gröbers, rund 15 km südöstlich von Halle, erleidet die Schupo im Mitteldeutschen Aufstand ihre schwerste Niederlage. Hier fallen am 29. März 1921 elf Schupos, die Polizei wird in die Flucht geschlagen. Grund genug für die örtliche SED, im Fabrikviertel von Gröbers 1967 einen Ehrenhain einzurichten. Unter hohen Bäumen wird ein großer Gedenkstein

222 Kainz, Daniela: *Helbra: Denkmal zur Erinnerung an die Märzkämpfe versetzt*, Mitteldeutsche Zeitung, 19.3.2021.

aus poliertem Porphyr mit der Aufschrift *'Wir kämpften und starben, damit ihr lebt und kämpft'* platziert. Rechts und links ist der Weg zu diesem Stein mit jeweils acht Namensplatten für die örtlichen Teilnehmer der Märzkämpfe von 1921 und anderen Genossen flankiert, die sich im Sinn der SED bewährten.

Das Grab von Willy Günther auf dem Friedhof von Osmünde.

Die Namensplatten, mit Geburts- und Todesdatum, sind in Form von flachliegenden Grabsteinen gehalten. Man hat die Illusion, zwischen Gräbern zu gehen. Da es sich aber nicht um eine Grabstätte handelt und nach dem Ende der DDR in dem Gedenkort nur noch eine finanzielle Belastung gesehen wird, erfolgt im Jahr 2014 die Auflösung. Der große Stein mit der Parole kommt in einen benachbarten Park, wo er ohne Bezug abgestellt ist; Platten und Weg werden entfernt und die Natur kann den Ehrenhain zurückerobern. Auch die Grabplatten sollen entsorgt werden. Alles wäre bald vergessen, wenn nicht die Kirchengemeinde Osmünde Toleranz und Geschichtssinn beweisen würde. Sie beschließt, den Platten auf ihrem Friedhof Asyl zu gewähren. Die Grabsteine der getöteten 'Märzkämpfer', die in den 1920er Jahren auf dem Friedhof begraben wurden, werden dort aufgestellt. Damit erfüllt sich auf Umwegen eine alte Idee. Bereits 1920 regt der Ortsvorsteher von Osmünde, Bruno Mosenhauer, an, ein Denkmal für die Gefallenen der Kämpfe von 1919 und 1920 auf dem Friedhof zu errichten. Nach mehreren Auflagen stimmt der Gemeindekirchenrat Anfang 1921 schließlich zu. Zur Ausführung kommt es nach den Märzunruhen nicht mehr. Mosenhauer wird bezichtigt, die Verstümmelung der toten Schupos in Gröbers nicht verhindert zu haben, und wird kurzerhand von einem Polizisten erschossen. Nun ist er selbst einer von den ‚*Märzkämpfern*', denen in Osmünde gedacht werden kann. Die Platten der ‚Arbeiterveteranen', die auf Veranlassung der ‚zuständigen Organe' auf den Ehrenhain kamen, werden im Übrigen nicht übernommen. [223]

Interessant ist auch das Schicksal von Willi Günther, dessen Namensplatte ebenfalls vor der Zerstörung bewahrt wird und dem nun zweimal auf dem Friedhof von Osmünde gedacht werden kann. Willi Günther schließt sich 1921 in Gröbers den Aufständischen um Max Hoelz an und zieht mit ihnen in Richtung Landsberg. Ein ehemaliger Schulkamerad beschuldigt ihn später dort, auf dem Gut Roitschgen, den Gutsbesitzer Heß erschossen zu haben. Obwohl es berechtigte Zweifel am Hergang gibt, wird Günther von einem Sondergericht in Halle zu einer siebeneinhalbjährigen Zuchthausstrafe verurteilt, die er in der Strafanstalt Lichtenburg verbüßen soll. Max Hoelz wird in Berlin ebenfalls angeklagt, den Gutsbesitzer Heß erschossen zu haben und zu lebenslanger Haft verurteilt.

Willi Günther stürzt am 28. Januar 1926 bei Dachdeckerarbeiten in Lichtenburg in den Tod. Seine sterblichen Überreste werden auf dem alten Friedhof in Osmünde beigesetzt. Er erhält einen Grabstein, auf dem auch ein Namenloser mit der Nummer 7133 vermerkt ist. Der ‚Namenlose' bezieht sich wohl auf Günther selbst, weil er in der Haft nur mit der Häftlingsnummer angesprochen wird. Außerdem ziert eine anatomisch merkwürdige Figur mit roter Fahne und dem grammatikalisch interessanten Satz *„Willy war ein Sohn des Volkes, starb für's Volk und wollt es bleiben"* den dunklen Granit.

Es handelt sich um einen originalen Grabstein aus den 1920er Jahren. Nach der Machtübertragung auf die Nationalsozialisten wird angeordnet, den Stein abzubauen und zu zerschlagen. Der Steinmetz hebt ihn aber zwischen alten Grabsteinen auf. Als er nach 1945 wegen der Entfernung zur Verantwortung gezogen werden soll, kann er ihn wieder aufstellen. Erhalten sind auch die von der KPD Ende der 1920er Jahre rund um Leuna aufgestellten Grabsteine für die auf den dortigen Friedhöfen bestatteten ‚Märzkämpfer'. Sie überdauern die Nazi-Zeit und merkwürdigerwei-

223 Dörheit, Peter: Mail an den Autor, Osmünde 23.2.2022.

se kümmert sich die SED später nicht um diese Zeugnisse. Schließlich macht die Erosion den Sandsteinen so schwer zu schaffen, dass die Inschrift weder lesbar noch wiederherstellbar ist. Im Jahr 2011, zum 90. Jahrestag des Mitteldeutschen Aufstand, wird den stark verwitterten Steinen eine Metallplatte aufgeschraubt. Die einst kämpferische Inschrift *„Durch Kampf zum Sieg“* entfällt allerdings. Heute heißt es nüchtern, *„Zum Gedenken der Märzgefallenen 1921“*, darunter sind die Namen der Gefallenen aufgeführt.

Anläßlich der 90. Jahrestag des Mitteldeutschen Aufstands im Jahr 2011 wurden alte, verwitterte Grabsteine rund um Leuna mit neuen Metallplatten versehen. Nicht alle Grabsteine wurden gefunden.

# Epilog

Anfang des Jahres 1921 wünscht sich der evangelische Pfarrer Küstermann von Schmirma bei Mücheln im Geiseltal eine neue Farbgestaltung seiner renovierungsbedürftigen Kirche.

Provinzialkonservator Max Ohle will dem gern nachkommen, die Arbeit aber nicht einem Malermeister überlassen. Stattdessen empfiehlt Ohle eine moderne, künstlerische Ausgestaltung der Kirche und namentlich den aus der Region stammenden Künstler Karl Völker. Und das, obwohl dieser, wegen seines rötlichen Haares und seines politischen Engagements für die Kommunistische Partei, auch unter dem Spitznamen der ‚rote Völker' bekannt ist.

Im Jahr 1889 erblickt das dritte von fünf Kindern des Malermeisters Carl Völker und seiner Frau Friederike Marie Wilhelmine in Giebichenstein, in unmittelbarer Nähe zu Halle/Saale, das Licht der Welt. Der Sohn erhält den Namen Karl Adolf Völker und tritt mit 15 Jahren im väterlichen Betrieb die Lehre zum Dekorationsmaler an, später besucht er die Kunstgewerbeschule in Leipzig.

Im Jahr 1914 erhält Völker seinen ersten öffentlichen Auftrag, er malt die Kuppelfresken der großen Kapelle auf dem Gertraudenfriedhof in Halle. Noch im selben Jahr beginnt der erste Weltkrieg und der junge Künstler wird im August 1914 *„mit Unterbrechung als Wachmann eingezogen"*[224].

Völker ist also kein Frontsoldat und wird 1917 zunächst als Maler für das Leuna-Werk in der Kolonie Rössen zu Arbeiten verpflichtet, dann vom Militärdienst freigestellt, um sein Talent für die malerische Gestaltung des Rathauses in Halle zu nutzen.

224 Meinel, Sabine: *Karl Völker – Leben und Werk*, 2008, S. 19.

Der Gefangene zeigt die Wundmale Jesu. Die humanistischen Ziele von Christentum und Kommunismus werden gleichgesetzt. Entwurfszeichnung von Karl Völker für ein Fresko im Verlagsgebäude des *Klassenkampf* in Halle.

Stark vom Expressionismus beeinflusst, tritt Völker 1918 der Novembergruppe[225] bei und gründet, als deren Ortsgruppe, 1919 die HALLISCHE KÜNSTLERGRUPPE. Ergo arbeitet Völker eng mit der USPD bzw. ab 1920 mit der VKPD zusammen. Beispielsweise liefert er Holzschnitte für den KLASSENKAMPF, der Zeitung der VKPD-Bezirksorganisation in Halle. Zum KLASSENKAMPF gehört auch ein eigenes Verlagsgebäude, dessen Sitzungssaal Völker 1921 ausmalt. Die Fresken zeigen durch ihre Mischung von revolutionärer Thematik, expressionistischem Pathos und christlicher Ikonographie Völkers Herkunft aus der Kirchenmalerei. Ein Mix aus

225 Am 3.12.1918 entsteht in Berlin die *Novembergruppe*, benannt nach der am 9.11.1918 stattgefundenen Revolution. Der Gruppe gehören reichsweit über 100 Mitglieder an, die sich als radikal und revolutionär bezeichnen und die Revolution unterstützen wollen. Bedeutende Kunstschaffende des DADA, Bauhaus, Futuristen und anderer zeitgenössischer Strömungen agieren gemeinsam. Nach dem Machtantritt von Adolf Hitler muss die Novembergruppe ihre Arbeit einstellen, 1935 wird sie aus dem Vereinsregister gelöscht.

Jesus mit den zwölf Jüngern als urkommunistisches Vorbild für Nächstenliebe und Humanität. Entwurfszeichnung von Karl Völker für ein Fresko im Verlagsgebäude des *Klassenkampf* in Halle.

christlicher Bildwelt und unverkennbarer Reminiszenz zur proletarischen Realität zeichnet auch Völkers Stil bei den zur selben Zeit entstehenden Bildern für die Kirche von Schmirma aus. Natürlich ist die Kunst frei und jede und Jeder kann das seine/ihre in ihr finden, doch sind spätere Interpretationsversuche, es gäbe Bezüge zum Mitteldeutschen Aufstand oder Christus würde die Gesichtszüge von Lenin tragen, eigenwillige Auffassungen. Klassenkampf-Symboliken oder klar zu erkennende Portraits sind dem Kunstwerk nicht zu entnehmen. Völker schafft ein, auf das christliche Thema konzentriertes, expressionistisches Gesamtkunstwerk. Den Nazis gilt Völkers Werk, als ‚entartet', und zu DDR-Zeiten ist die reduzierte Bildsprache auch nicht wohl gelitten. Nur der Tatsache, dass die Kirche von Schmirma in einem abgelegenen Winkel liegt, ist es zu verdanken, dass der Bilderzyklus die Zeiten überdauert.

Allerdings kann man den Künstler nicht von seinem Kunstwerk trennen. Es bleibt das ideologische Fundament. Die heute zerstörten Fresken im Gebäude des Klassenkampf stellten Jesus und seine zwölf Jünger als urkommunistische Gemeinschaft dar. Ein Ideal und Vorbild für Nächstenliebe und Humanität, als eigentliches Ziel des politischen Bestrebens. Im Jahr 1921 konnte man dies sicherlich noch so sehen. Mit der heutigen historischen Erfahrung ist die Diskrepanz zwischen Bolschewismus und einer humanen, freien Gesellschaft eine unverrückbare Tatsache.

# Über den Autor

Bernd Langer, geboren 1960 in Bad Lauterberg im Harz, 1978 Mitgründer des Antifaschistischen Arbeitskreis Bad Lauterberg, 1981 führend an der Norddeutschen-, später bundesweiten Antifa-Koordination beteiligt. Im Jahr 1983 Initiator der ersten autonomen Antifa-Gruppe in Göttingen sowie der kulturpolitischen Initiative Kunst und Kampf (KuK), bekannt für ihre Plakate, Bilder und Agitpropaktionen.

Bernd Langer, 2022.

Langer gestaltete in den 1980er Jahren das neue Antifa-Logo, mit roter und schwarzer Fahne. Ab 1987 war er maßgeblich verantwortlich für die Entwicklung antifaschistischer Bündnispolitik in der Region Göttingen und 1990 Mitbegründer der Autonomen Antifa (M), später der AA/BO (Antifaschistische Aktion/Bundesweite Organisation).

In einem Verfahren gegen die Autonome Antifa (M) wegen Bildung und Werbung für eine kriminelle bzw. terroristische Vereinigung (§129 bzw. §129a StGB) 1995 gehörte Langer zu den 17 Angeklagten. Die Ermittlungen und die Anklage wurden 1996 nach einem Vergleich mit der Staatsanwaltschaft eingestellt. Im Jahr 2001 löste sich die AA/BO auf, die Autonome Antifa (M) folgte 2004. Langer blieb politischer Aktivist.

Verstärkt beschäftigte er sich mit der Geschichte des Antifaschismus, publizierte Bücher und ging mit diversen Veranstaltungsthemen auf Tour; darunter die Kampagne *Es gilt die Tat! – 90 Jahre Mitteldeutscher Aufstand,* mit 26 Veranstaltungen von März bis Mai 2011. Ein Zeitungsartikel bezeichnete ihn deshalb 2012 als *„linksradikalen Wanderprediger"*[226].

In einem Interview für das Neue Deutschland am 1. November 2014, mit dem Titel „Wir hatten das militante Antifa Monopol", bezeichnete Langer einen 1994 begangenen, Anschlag auf die neu-rechte Wochenzeitung JUNGE FREIHEIT als *„Superaktion"*. Daraufhin initiierte der ehemalige Generalbundesanwalt Alexander von Stahl ein Strafverfahren. Ein Berliner Gericht verurteilte Langer im September 2015, 21 Jahre nach der Tat, wegen Billigung einer Straftat und Störung des öffentlichen Friedens, zu einer Geldstrafe von 500 Euro. Langer ging in Berufung. Das Berliner Kammergericht sprach ihn im Dezember 2017 letztinstanzlich frei.

Langer lebt seit 2001 in Berlin.

## Zu diesem Buch

Dieses Buch geht auf eine Initiative im Frühjahr 2021 zurück, als das BILDUNGSKOLLEKTIV BIKO in Zusammenarbeit mit den Landes-Stiftungen Sachsen-Anhalt, Thüringen und Sachsen der ROSA-LUXEMBURG-STIFTUNG eine Veranstaltungsreihe zu den Mitteldeutschen Märzkämpfen 1921 organisierte. Bei der Konzeptionierung einer Fahrradtour von Merseburg nach Leuna entstand die Idee zu einer Publikation. Finanziert über die drei genannten Stiftungen konnte eine Ausgabe von 300 Exemplaren mit 114 Seiten im Jahr 2022 realisiert werden. Die kleine Auflage war schnell vergriffen. Hiermit liegt die überarbeitete und erweiterte Neuauflage vor.

226 Odoj, Christin: *Linksradikaler Wanderprediger. Bernd Langer ist seit über 30 Jahren in der Antifa. Zu deren 80. Jahrestag hält er Vorträge und reist durchs Land*, neues deutschland, 11./12.8.2012.

# Literaturverzeichnis

Angress, Werner T.: Die Kampfzeit der KPD: 1921–1923. Dt. bearb. u. erg. Ausg., Geschichtliche Studien zur Politik und Gesellschaft, Düsseldorf 1973.

Arbeitskreis Döllnitz e. V./Stadermann Johannes (Hrsg.): Au(g)enblicke. Band 2; Halle/Saale 2012.

Bezirksleitung Halle der SED (Hrsg.): *Gedenk- und Erinnerungsstätten der Arbeiterbewegung im Bezirk Halle*, Halle 1982.

Bock, Hans Manfred: *Syndikalismus und Linkskommunismus von 1918 bis 1923. Ein Beitrag zur Sozial- und Ideengeschichte der frühen Weimarer Republik*, Meisenheim am Glan 1969.

Büttner, Claus / Pelz, Wilhelm / Plate, Friedrich: *Die Märzkämpfe 1921 in Leuna und ihre Gedenkstätten*, Leuna 1980

Marx-Engels-Lenin-Stalin-Institut beim ZK der SED (Hrsg.): *Die Märzkämpfe 1921*; Heft 5, Berlin 1953.

Dörrer, Horst; Marschner, Wolfgang; Kriegenherdt, Fritz (Hrsg.): *Die Novemberrevolution und die Gründung der KPD in Ostsachsen*, Zur Geschichte der revolutionären Arbeiterbewegung des Bezirkes Dresden; Heft 7, Dresden 1988.

Dreetz, Dieter; Gessner, Klaus; Sperling, Heinz: *Bewaffnete Kämpfe in Deutschland 1918–1923* (Schriften des Militärgeschichtlichen Instituts der DDR | Kleine Militärgeschichte: Bewaffnete revolutionäre Kämpfe), Berlin 1988.

Drobnig, Walter: *Der mitteldeutsche Aufstand 1921 – Seine Bekämpfung durch die Polizei*, Lübeck 1929.

Ehrt, Adolf / Roden, Hans: *Terror. Blutchronik des Marxismus in Deutschland. Auf Grund amtlichen Materials bearbeitet*, Berlin/Leipzig 1934.

Engel, Gerhard: *Johann Knief. Ein unvollendetes Leben*, Geschichte des Kommunismus und Linkssozialismus; 15, Berlin 2011.

Figes, Orlando: *Die Tragödie eines Volkes. Die Epoche der russischen Revolution 1891 bis 1924*, Berlin 1998.

Flechtheim, Ossip K.: *Die KPD in der Weimarer Republik*, Frankfurt am Main [2]1976.

Flechtheim, Ossip K. (Hrsg.): *Dokumente und Materialien zur Geschichte der deutschen Arbeiterbewegung*, Berlin 1976.

Frölich, Paul; Lindau, Rudolf; Thomas, James [Red.]: *Illustrierte Geschichte der Deutschen Revolution*, Reprint der Ausgabe von 1929, Frankfurt am Main 1970.

Gebhardt, Manfred: *Max Hoelz. Wege und Irrwege eines Revolutionärs*, Berlin 1989.

Gotsche, Otto: *Die Fahne von Kriwoj-Rog*, Halle 1969.

Gotsche, Otto: *Die Märzaktion 1921 in Mitteldeutschland und ihre historische Bedeutung. Lektion gehalten am 13. Dezember 1955 am Institut für Gesellschaftswissenschaften beim ZK der SED*, Berlin 1956.

Gotsche, Otto: *Märzstürme; Band 1. Die Provokation*, Halle / Leipzig [6]1980.

Gotsche, Otto: *Märzstürme; Band 2. Die Bergjungen*, Halle / Leipzig 1980.

Grünefeld, H. C.: *Die Revolution marschiert. Kampflieder der Unterdrückten und Verfolgten: Band 2: 1806-1930*, Mannheim 2006.

Gumbel, Emil Julius: *4 Jahre politischer Mord*, Berlin 1922.

*Handbuch über den preußischen Staat 1922*, Berlin.

Hahlweg, Werner: *Lenins Reise durch Deutschland im April 1917*. In: *Vierteljahrshefte für Zeitgeschichte*, Jg. 5, Nr. 4, 1957.

Hirschinger, Frank: *„Gestapoagenten, Trotzkisten, Verräter". Kommunistische Parteisäuberungen in Sachsen-Anhalt 1918–1953*. Schriften des Hannah-Arendt-Instituts für Totalitarismusforschung; 27, Göttingen 2005.

Historische Kommission des SPD-Landesverbandes Sachsen-Anhalt (Hrsg.): *„Prinzip Ferdinand Lassalle"*, Beiträge zu Geschichte der Sozialdemokratie in Sachsen-Anhalt, Heft 8, Magdeburg 2017.

Hoelz, Max: *Vom „Weissen Kreuz" zur roten Fahne. Jugend-, Kampf- und Zuchthauserlebnisse*. Nachdr. der Ausg. Berlin 1929, Frankfurt am Main 1969.

John, Günter: *Der Stein auf dem Gänseacker, 60 Jahre Ehrenmal der März-Kämpfer in Leuna-Kröllwitz*, Leuna 1986.

Jung, Franz: *Die Eroberung der Maschinen. Chronik einer Revolution in Deutschland*, Nachdruck der Ausgabe Berlin 1923, Hamburg 1989.

Jung, Franz: *Der Weg nach unten. Aufzeichnungen aus einer großen Zeit*, Neuwied am Rhein $^{2}$1988.

Kaufmann, Bernd; Reisener, Eckhard: *Der Nachrichtendienst der KPD. 1919–1937*, Berlin 1993.

Klemann, Adalbert: *Aus Leben und Amt*. Band 3, Osmünde 1921.

Knatz, Christian: *„Ein Heer im grünen Rock"? Der Mitteldeutsche Aufstand 1921, die preußische Schutzpolizei und die Frage der inneren Sicherheit in der Weimarer Republik*. Quellen und Forschungen zur brandenburgischen und preußischen Geschichte; Band 19, Berlin 2000.

Koch-Baumgarten, Sigrid: *Der Aufstand der Avantgarde. Die Märzaktion der KPD 1921*, Quellen und Studien zur Sozialgeschichte 6, Zugleich: Berlin, Freie Univ., Diss., 1983, Frankfurt 1986.

Könnemann, Erwin: *Die Bewahrung Halles vor der totalen Vernichtung im April 1945*, Halle 2005, kriegsende_Koenemann_60 Jahre.pdf. file:///Users/berndlanger/Downloads/Kriegsende_Koenemann_60_Jahre-1.pdf [21.7.2022].

Kreisleitung der SED VEB Leuna-Werke „Walter Ulbricht" (Hrsg.): *Kämpfendes Leuna – Die Geschichte des Kampfes der Leuna-Arbeiter*. Zwei Bände: 1916 – 1933 / 1933 – 1945, Berlin 1961.

Langer, Bernd: *Deutschland 1918/19. Die Flamme der Revolution*, Münster 2018.

Leonhard, Wolfgang: *Völker, hört die Signale. die Anfänge des Weltkommunismus 1919–1924*, München 1981.

Löhken, Ingo: *Die Polizei-Uniformen in Preußen 1866 – 1934*, Friedberg 1986.

Maercker, Georg: *Vom Kaiserheer zur Reichswehr. Geschichte des freiwilligen Landesjägerkorps. Ein Beitrag zur Geschichte der deutschen Revolution*, Leipzig $^{2}$1921.

Meinel, Sabine: *Karl Völker – Leben und Werk*, Dissertation, Halle 2008. https://sundoc.bibliothek.uni-halle.de/diss-online/08/09H022/ [21.7.2022].

Miethe, Anna Dora: *Gedenkstätten. Arbeiterbewegung, antifaschistischer Widerstand, Aufbau des Sozialismus*. Leipzig / Berlin / Jena 1974.

Möller, Jürgen: *Flak im Endkampf. Leuna 1945*, Leuna 1945.

Mühlhausen, Walter: *Friedrich Ebert: 1871 – 1925. Reichspräsident der Weimarer Republik*, Bonn 2006.

Neue Gesellschaft für Bildende Künste: *Wem gehört die Welt – Kunst und Gesellschaft in der Weimarer Republik*, Westberlin [4]1977.

Pipes, Richard: *Die russische Revolution, Band 1. Der Zerfall des Zarenreiches*, Berlin 1992a.

Pipes, Richard: *Die russische Revolution, Band 2. Die Macht der Bolschewiki*, Bd. 2, Berlin 1992b.

Plate, Friedrich / Pelz, Willi: *Die Märzkämpfe im Spiegel von Kunst und Literatur*, Merseburg 1981.

Plener, Ulla (Hrsg.): *Max Hoelz: „Ich grüße und küsse Dich – Rot Front!". Tagebücher und Briefe. Moskau 1929 bis 1933*, Berlin 2005.

Plättner, Karl: *Der Weg zur Räte-Diktatur. Bearbeitet nach stenographischen Berichten aus Versammlungen in Mitteldeutschland, besonders derjenigen in Halle, Aschersleben, Thale, Quedlinburg usw.*, Proletarisch-revolutionäre Flugschriften; 1, Halle 1919a.

Plättner, Karl: Das Fundament und die Organisierung der sozialen Revolution. Das Historische, das Wesen und die Aufgaben revolutionär-proletarischer Arbeiter- und Betriebsräte in der Phase der Konterrevolution, Proletarisch-revolutionäre Flugschriften; 2, Magdeburg-Werder 1919b.

Plättner, Karl: *Rühle im Dienste der Konterrevolution. Das ostsächsische Sportkommunisten-Kartell oder die revolutionäre Klassenkampf-Partei*, Proletarisch-revolutionäre Flugschriften; 4, Hettstedt 1920.

Plättner, Karl: *Der mitteldeutsche Bandenführer. Mein Leben hinter Kerkermauern*, Digitale Reproduktion der Ausg. Berlin 1930, Leipzig / Frankfurt am Main 2016.

Prager, Eugen: *Das Gebot der Stunde. Geschichte der USPD*, Berlin / Bonn [4]1980.

Retzlaw, Karl:
*Spartakus. Aufstieg und Niedergang. Erinnerungen eines Parteiarbeiters*, Frankfurt am Main [3]1974.

Pozzoli, Claudio (Hrsg.):
*Arbeiterbewegung, Theorie und Geschichte*, Jahrbuch 5, Kritik des Leninismus, Frankfurt am Main 1977.

Rochus, Jan: *Das *gestohlene* Lied der Nationalsozialisten*. Hausarbeit 2001. https://www.grin.com/document/107279 [1.3.2022].

Roters, Eberhard / Schulz, Bernhard (Hrsg.):
*Ich und die Stadt*, Katalog zur Ausstellung Ich und die Stadt – Mensch und Großstadt in der deutschen Kunst des 20. Jahrhunderts im Martin-Gropius-Bau, 15. August – 22. November 1987, Berlin 1987.

Rupierer, Hermann-J. / Sattler, Frederike: Die mitteldeutsche Chemieindustrie und ihre Arbeiter im 20. Jahrhundert, Halle/Saale, 2005.

Lask, Berta: *Leuna 1921*, Berlin 1961.

Levi, Paul: *Unser Weg. Wider dem Putschismus*, Berlin 1921.

Levi, Paul: *Was ist das Verbrechen? Die Märzaktion oder die Kritik daran? Rede auf der Sitzung des Zentralausschusses der V.K.P.D am 4. Mai 1921*, Berlin 1921.

Lucas, Erhard: *Vom Generalstreik gegen den Militärputsch zum bewaffneten Arbeiteraufstand*, Frankfurt/Main ²1974.

Lucas, Erhard: *Märzrevolution 1920. Band 2. Der bewaffnete Aufstand in seiner Struktur*, Frankfurt/Main ²1983.

Lucas, Erhard: *Märzrevolution 1920. Band 3. Die Niederlage. Verhandlungsversuche und deren Scheitern; Gegenstrategien von Regierung und Militär; die Niederlage der Aufstandsbewegung; der weiße Terror*, Frankfurt/Main 1978.

Schade, Ralf: *Das Polizei-Betriebsschutzamt Leuna 1916–1936*, Heimatgeschichtlicher Beitrag; 2, Leuna 2007.

Schmuhl, Hans-Walter: *Halle in der Weimarer Republik und im Nationalsozialismus*, Studien zur Landesgeschichte, Halle/Saale 2007.

Schneider, Joseph: *Die blutige Osterwoche im Mansfelder Land. Tatsachenmaterial aus der Märzaktion*, Probleme der proletarischen Revolution; 9/10, Wien 1922.

Schumann, Dirk: *Politische Gewalt in der Weimarer Republik 1918–1933. Kampf um die Straße und Furcht vor dem Bürgerkrieg*, Veröffentlichungen des Instituts für Soziale Bewegungen: Schriftenreihe A, Darstellungen; Bd. 17, Essen 2001.

Schunke, Joachim: *Schlacht um Halle. Die Abwehr des Kapp-Putsches in Halle und Umgebung*, Reihe: Gewehre in Arbeiterhand, Berlin 1956.

Schüttrumpf, Jörn (Hrsg.): *Levi, Gesammelte Schriften, Reden und Briefe*, Berlin 2016.

Ullrich, Volker: *Der ruhelose Rebell. Karl Plättner 1893–1945; eine Biographie*, München 2000.

Weber, Stefan: *Ein kommunistischer Putsch? Märzaktion 1921 in Mitteldeutschland*, Berlin 1991.

Wollenberg, Erich; Kippenberger, Hans: *Der bewaffnete Aufstand. Versuch einer theoretischen Darstellung*, Erstauflage 1928, (Basis-Studienausgaben), Frankfurt am Main 1971.

Kreisleitung der SED VEB-Leuna-Werke „Walter Ulbricht“ (Hrsg.): *Gedenkstätte der Märzkämpfer 1921. Leuna-Kröllwitz*, Leuna ohne Jahr.

Kreisleitung der SED VEB-Leuna-Werke „Walter Ulbricht“ (Hrsg.): *Gedenkstätte der Märzkämpfer 1921. Mahnmal am Leuna-Silo*, Leuna ohne Jahr.

Mittendrin: Sachsen-Anhalt in der Geschichte, Katalog zur Ausstellung im stillgelegten Kraftwerk Vockerode, 15. Mai bis 13. September 1998, Dessau.

*Der Gegner – Blätter zur Kritik der Zeit*: Fotomechan. Neudr. d. Orig.-Ausg. der Jg. 1919 – 1922, Leipzig 1979.

# Zeitungsartikel, Quellen

Alfred Dartsch; Bundeszentrale für politische Bildung, http://www.17juni53.de/tote/dartsch.html [16.7.2024].

Beilage zur Volksstimme, Nr. 83, 8. April 1919 http://library.fes.de/magdeburg/pdf/1919/1919-083.pdf [16.7.2024].

Belau, Detlef: Naumburg an der Saale 1918 –1945, Leuna-Aufstand, 19.2.2015, https://www.naumburg-geschichte.de/geschichte/leuna.htm [30.1.2025].

Braatsch, Gottfried:
Wie es eigentlich gewesen ist. Die Märzkämpfe in Wiehe, Unveröffentlichter Artikel im Besitz des Autors, 2011.

Buchheim, Christoph:
Wirtschaftliche Hintergründe des Arbeiteraufstandes vom 17. Juni 1953 in der DDR, Vierteljahrshefte für Zeitgeschichte, Heft 3, München 1990.

Bürgerstiftung Halle: Max Lademann Straße – Bildung im Vorübergehen; 19.5.2015, https://www.buergerstiftung-halle.de/projekte/bildung-im-voruebergehen/strasse/max-lademann-strasse/ [16.7.2024].

Bundesarchiv, Reichskom. f.d. Überwachung d. öffent. Ordnung u. Nachrichtensammelstelle im RM I, R 1507/2052.

Bundesarchiv, Reichskom. f. d. Überwachung d. öffent. Ordnung u. Nachrichtensammelstelle im RM I. Nr. 2827/21.

Bundesarchiv, SAPMO/BArch, Bild Y 1-12669.

BA Berlin, ORA/RG 13 J 493/23, Bd. 24, Aufzeichnungen der Kriminalpolizei Halle zur Plünderung der Chemischen Fabrik Buckau, 21.2.1922, Aussage des Direktors Banse, 3.5.1921.

Bundesarchiv, II.7: Der Aufstand im Bezirk Halle, Protest in den Leuna-Werken, https://www.stasi-unterlagen-archiv.de/geschichten/volksaufstand/aufstand-in-den-bezirken/halle/ [30.1.2025].

Bundesarchiv, II.7: Der Aufstand im Bezirk Halle, Protestzug der Leuna-Arbeiter nach Merseburg, https://www.stasi-unterlagen-archiv.de/geschichten/volksaufstand/aufstand-in-den-bezirken/halle/ [30.1.2025].

Bundesarchiv, II.7: Schilderung der Geschehnisse in Halle durch einen Arbeiter der „Leunawerke", Audio, Timcode: 00.00.39, https://www.bundesarchiv.de/geschichten/volksaufstand/aufstand-in-den-bezirken/halle/ [30.1.2025].

Bundesstiftung Aufarbeitung. Biographische Datenbank: Schneider, Josef, https://www.bundesstiftung-aufarbeitung.de/de/recherche/kataloge-datenbanken/biographische-datenbanken/josef-schneider [30.1.2025].

Bundesstiftung Aufarbeitung. Biographische Datenbank: Utzelmann, Peter, https://www.bundesstiftung-aufarbeitung.de/de/recherche/kataloge-datenbanken/biographische-datenbanken/peter-utzelmann [30.1.2025].

Bowitzky, Klaus: Enkel von Paul Bowitzky, Mail an den Autor vom 18.5.2011.

Die Staatspartei der DDR. SED Sozialistische Einheitspartei Deutschlands; MDR-Zeitreise, 29.11.2021, https://www.mdr.de/geschichte/ddr/politik-gesellschaft/sed-partei-ddr-100.html [30.1.2025].

Dörheit, Peter: Mail an den Autor zu den Märzkämpfen in Gröbers und den Grabstätten auf dem Friedhof in Osmünde, 23.2.2022.

Ecke, Birk Karsten:
Der Volksaufstand des 17. Juni in Mitteldeutschland, Harz-Saale.de, 8.12.2012, https://harz-saale.de/der-volksaufstand-des-17-juni-1953-in-mitteldeutschland/ [16.7.2024].

Erinnerungsorte an den Volksaufstand vom 17. Juni 1953, https://www.bundesstiftung-aufarbeitung.de/de/recherche/dossiers/volksaufstand-am-17-juni-1953/erinnerungsorte [16.7.2024].

Fiedler, Joachim: Der 17. Juni 1953 in Leuna, 12.5.2002, http://www.17juni53.de/karte/halle/fiedler.html [16.7.2024].

Kainz, Daniela: Helbra: Denkmal zur Erinnerung an die Märzkämpfe versetzt; Mitteldeutsche Zeitung, 19. März 2021.

Kainz, Daniela: Geschichte um das Denkmal des Märzkämpfers in Helbra; Mitteldeutsche Zeitung, 24. 2021.

Könnemann, Erwin: Die Bewahrung Halles vor der totalen Vernichtung im April 1945, 2005, Kriegsende_Koenemann_60_Jahre.pdf [30.1.2025].

LA Merseburg, Rep. C 48 I e, Nr.1096, Blatt 218.

LA Merseburg, Archiv der Leuna-Werke, A 1315, Niederschriften.

LA Merseburg: Bestand des Betriebsarchives Leuna, Akte Nr. D 203.

Landesarchiv Sachsen-Anhalt: Online-Recherche, I 525 Leuna-Werke, 1916-1999 (Bestand) [Benutzungsort: Merseburg] http://recherche.landesarchiv.sachsen-anhalt.de/Query/detail.aspx?id=339646 [16.7.2024].

Letzter Halt Magdeburg, GWG report; Ausgabe 2, 8/2016, https://www.gwg-halle.de/wp-content/uploads/GWG-Report_02-2016_rz_screen.pdf [1.3.2022].

Marschner, Jörg: So endete der Zweite Weltkrieg in Sachsen; Sächsische.de, 3.5.2020, https://www.saechsische.de/plus/so-endete-der-zweite-weltkrieg-in-sachsen-5199645.html [30.1.2025].

Meinel, Sabine: Karl Völker – Leben und Werk, Dissertation, 2008, https://opendata.uni-halle.de/bitstream/1981185920/9169/1/prom.pdf [30.1.2025].

Niemetz, Daniel: Besatzungswechsel im Juli 1945. Als die „Russen“ in ganz Sachsen und Thüringen die Macht übernahmen; MDR-Zeitreise, 3.7.2020, https://www.mdr.de/geschichte/ns-zeit/zweiter-weltkrieg/1945/besatzungswechsel-mitteldeutschland-amerikaner-russen-sachsen-anhalt-thueringen-100.html [16.7.2024].

Protestmarsch nach Merseburg: Video 17. Juni 1953, MDR, 16.6.1993, https://www.mdr.de/geschichte/stoebern/damals/video60834.html [30.1.2025].

SAPMO Berlin, SgY 30/EA 365, Bericht Max Heinls.

Schröder, Valentin: Reichstagswahlen 1919 – 1933, Gesamtergebnisse, in: Reichstagswahlen in Deutschland, 3.4.2022, https://www.wahlen-in-deutschland.de/wrtw.htm [30.1.2025].

Schröder, Valentin: Weimarer Republik 1918 – 1933, Preußische Landtagswahlen, Wahlkreis Merseburg, in: Wahlen in Deutschland, 23.7.2015. https://www.wahlen-in-deutschland.de/wluMerseburg.htm [30.1.2025].

Stadtarchiv Leuna, Rep. XVIII; Akte Nr. 95.; Stadtarchiv Leuna, Rep. XXIII; Akte Nr. 38; Bl.4ff.

Teildokument: Chronologie 1909: Bibliothek der Friedrich Ebert Stiftung, Digitale Bibliothek, http://library.fes.de/fulltext/bibliothek/tit00148/00148039.htm#E322E567 [16.7.2024].

Volksstimme. Sozialdemokratisches Organ für den Regierungsbezirk Magdeburg, Nr. 85, 10.4.1919, http://library.fes.de/magdeburg/pdf/1919/1919-085.pdf [16.7.2024].

Reichstagswahlen 1919 – 1933, Gesamtergebnisse, in: Reichstagswahlen in Deutschland, https://www.wahlen-in-deutschland.de/wrtw.htm [17.7.2024].

80. Jahrestag der Märzkämpfe in Leuna: Reader, Gemeinsame Konferenz des Vereins zur Förderung von Kultur, Wissenschaft und politische Bildung in Sachsen-Anhalt e. V. und der PDS-Stadt/Kreisverbände Halle, Burgenlandkreis, Mansfelder Land, Merseburg-Querfurt, Saalkreis und Weißenfels-Hohenmölsen am 17. März 2011.